XUESHENG XIANDAI

WENMING LIYI

SHIYONG JIAOCHENG

主编／魏丽平

学生

文明礼仪

实／用／教／程

（第二版）

西南财经大学出版社

中国·成都

U0519435

《论语》中说："不学礼，无以立。"荀子曰："人无礼则不生，事无礼则不成，国家无礼则不宁。"明礼，乃做人之根本，是塑造形象的重要手段。在社会活动中，交谈讲究礼仪，可以变得文明；举止讲究礼仪，可以变得高雅；穿着讲究礼仪，可以变得大方……只要讲究礼仪，事情就会做得恰到好处。礼仪是人类文化的一个重要组成部分，是人类文明进步的标志。我国素有"礼仪之邦"的美称，从古至今，历来尚礼。党中央提出了推进国家治理体系和治理能力现代化的总目标，在多维复合体系中，文化是重要的一维。就社会治理能力而言，制度性治理必不可少；礼仪等优秀传统文化，对引导公民自觉接受社会规约更具积极作用。在现代社会多元价值观的影响下，构建礼仪文化归宿和礼仪文化心理共同体，是社会治理能力提升的重要体现。

时代在变革，现代礼仪与古代礼仪已有很大差别。让现代礼仪以更科学、更前沿、更时尚的方式进入每位学子的生活，并与社会主义核心价值观、时代精神和学习借鉴国际优秀礼仪文化成果相结合，对于培养良好个人素质，协调和谐人际关系，塑造文明的社会风气，进行社会主义精神文明建设，具有现代化价值。以现代文明礼仪及其群体和谐为理念取向，是中国文化特有的传统底色，也成为中国人"身份认定"的文化基因。

为了让学生掌握符合社会主义道德要求的礼仪规范，让学校文明礼仪养成教育能真正落到实处，让每个人都能把内在的道德品质和外在的礼仪形式有机地统一起来，成为名副其实的有较高道德素质并受用人单位欢迎的现代文明人，编者选用身边职业院校的师生为案例，选用自己校园的场景，走进职业院校、走进每个学生、走进整个社会，把传播文明、传播礼仪作为己任。期待我们的努力能够为整个社会的礼仪文化发展，为整个国家人文风貌的形成，为使我们的工作与生活更加和谐美满尽绵薄之力！

本教材依据"以就业为导向，以服务为宗旨"的指导思想，本着"能力本位、学生主体、实践主导"的编写原则，从"实战、实用、实效"出发，采用"项目导向、任务驱动"的新课改模式，体现了"做中学、做中教、做中思"的教学理念。本教材涵盖礼仪概述、个人基本礼仪、校园礼仪、社区礼仪、社交礼仪、公共场合礼仪、职场礼仪、文书礼仪、港澳台地区礼仪、涉外礼仪。力求在教材中做到理论性、系统性、实用性、简洁性相统一，兼顾生动形象，以百余幅图片进行对照，在每个项目的重点和平时容易出错的礼仪细节上，用插图进行正、反对比说明，给人深刻印象。同时，精选古今中外经典案例和延伸阅读作为任务拓展，以增加本教材的知识趣味性和阅读广博性。为了方便教师教学之用，本教材附有精品多媒体电子课件，用文字、音效、图片、视频等多种形式，呈现出交互性强、内容全面丰富的特点。

本教材在编写过程中，得到了泸州市教育局、泸州市教科所、泸州多所职业（学）院校及西南财经大学出版社众多领导、专家的大力支持和帮助，在此一并表示衷心的感谢！

本教材在编撰过程中参阅、借鉴了大量的有关礼仪方面的文献和网络资料，由于引用的网络资料甚多，恕不一一列举，在此谨向有关作者表示衷心的感谢！对参与本教材图片拍摄的诸位老师和同学的大力支持，也表示衷心的谢意！由于作者水平有限，教材中难免有偏颇、疏漏之处，敬请专家和广大读者赐教，以便再版修订完善。

特别鸣谢：

"花·生活"花艺馆高级花艺师、店长张筱雅，为本教材提供花卉素材及图片拍摄。

四川省茶艺术研究会泸州培训部校长蒲婵，为本教材提供茶艺咨询及培训。

江苏南通农业职业技术学院冒耀祺老师，为本教材提供封面配图及部分内文图片。

魏丽平

2022 年 2 月 14 日

目录

项目一

礼仪概述

开篇案例导读

张良拜师

　　张良年轻时只是一名很普通的青年。一天，他漫步来到一座桥上，对面走过来一个衣衫破旧的老头。那老头走到张良身边时，忽然脱下脚上的破鞋子丢到桥下，对张良说："去，把鞋给我捡回来！"张良当时感到很奇怪又很生气，觉得老头在侮辱自己，真想上去揍他几下。可是他看到老头年岁很大，便只好忍着气下桥捡回了鞋子。谁知这老头得寸进尺，竟然把脚一伸，吩咐说："给我穿上！"张良更觉得奇怪，简直莫名其妙。尽管张良已有些生气，但他想了想，决定干脆帮忙就帮到底，他还是跪下身来帮老头将鞋子穿上。

　　老头穿好鞋，跺跺脚，哈哈笑着扬长而去。张良看着头也不回，连一声道谢都没有的老头的背影，正在纳闷，忽见老头转身又回来了。他对张良说："小伙子，我看你有深造的价值。这样吧，五天后的早上，你到这儿来等我。"张良深感玄妙，就诚恳地跪拜说："谢谢老先生，愿听先生指教。"

　　第五天一大早，张良就来到桥头，只见老头已经先在桥头等候。他见到张良，很生气地责备张良说："同老年人约会怎么能迟到，这像什么话呢？"说完他就起身走了。走出几步，又回头对张良说："过五天早上再会吧。"

　　张良有些懊悔，可也只有等五天后再来。到第五天，天刚蒙蒙亮，张良就来到了桥上，可没料到，老人又先他而到。看见张良，老头这回可是声色俱厉地责骂道："为什么又迟到呢？实在是太不像话了！"说完，十分生气地一甩手就走了。临了依然丢下一句话："还是再过五天，你早早就来吧。"

又过了五天，还不到半夜，张良就摸黑赶到桥头，他不能再让老头生气了。过了一会儿，老头来了，见张良早已在桥头等候，他满脸高兴地说："就应该这样啊！"然后，老头从怀中掏出一本书来，交给张良说："读了这部书，就可以帮助君王治国平天下了。"说完，老头飘然而去，还没等张良反应过来，老头已没了踪影。

等到天亮，张良打开手中的书，他惊奇地发现自己得到的是《太公兵法》，这可是天下早已失传的极其珍贵的书呀！张良惊异不已。

从此，张良捧着《太公兵法》日夜攻读，勤奋钻研。后来他真的成了大军事家，做了刘邦的得力助手，为汉王朝的建立立下了卓著功勋，名噪一时，功盖天下。

情景导入

明礼，乃做人之根本。古代学者颜元说："国尚礼则国昌，家尚礼则家大，身有礼则身修，心有礼则心泰。"我国素有"礼仪之邦"的美称，从古至今，历来尚礼。礼仪是道德的示范，是行为的准则。在人际交往中，只有做到了诚实无欺、言行一致、表里如一，在运用礼仪时所表现出来的对交往对象的尊敬与友好，才会更好地被对方理解并接受，从而使彼此的关系更加和谐美好。

课堂互动

分组讨论：

老头为什么会把天下早已失传又极其珍贵的《太公兵法》送给张良呢？张良对待老头的态度，有哪些地方值得我们学习借鉴？

任务1 礼仪的发展简史与内涵

➤ **知识目标：** 掌握礼仪的起源、发展和内涵

➤ **能力目标：** 能够通过对礼仪形成、内涵的了解，加深对礼仪的认识

➤ **情感目标：** 对礼仪学习产生兴趣，激发学习热情

➤ **学习重点：** 礼仪发展的四个阶段、礼仪的特性和原则

▶ **任务导入** ● ● ● ● ● ●

中国是历史悠久的文明古国，几千年来创造了灿烂的文化，形成了高尚的道德准则、完整的礼仪规范，被世人称为"文明古国""礼仪之邦"。自中华民族的历史掀开"第一页"的时候，礼仪就伴随着人的活动，伴随着原始宗教产生了。

▶ **任务实施** ● ● ● ● ● ●

一、礼仪的起源

中国是世界公认的文明古国之一，也是人类文明的发源地之一。中国自古以来都崇尚礼仪，而且素有"礼仪之邦"的美称。那么，礼仪研究起源于何时？人们一直都在进行种种论述和探讨。

> **任务拓展**
>
> 按西方的观点，礼仪一词源于法语的"etiguette"，原意是"法庭上的通行证"。古代法国为了保证活动中的秩序，将印有法庭纪律的通行证发给进入法庭的每一个人，作为应遵守的规范和行为准则。后来这一词语进入英文，演变为"礼仪"的含义，成为人们交往中应遵循的规范和准则。

关于礼仪的起源，说法不一。归纳起来，在我国，大体有五种礼仪起源说：

（一）天神生礼说

这是人们还没有认识到礼仪的真正起源时的一种信仰说教，是神崇拜的反映，代表了人类对原始礼仪的一种认识。《左传》有言："礼以顺天，天之道也。"意思是说，礼是用来顺乎天意的，而顺乎天意的礼就合乎"天道"。"天神生礼说"虽然不科学，但却反映了礼仪起源的某些历史现象。

（二）礼是天地人统一的体现说

这种观点是春秋以后兴起的一股思潮。它认为，天地与人既有制约关系和统一性，又具有高于人事的主宰性。把"礼"引入人际关系中来讨论，比单纯的"天神生礼说"有了很大进步，但仍没有摆脱原始信仰，所以仍是不科学的。

（三）礼起源于人性说

这是儒家的创见，儒家学派把礼和人性结合起来，以为礼起源于人的天性。孔子以仁释礼，一方面把"礼"作为处理人际关系的总则，另一方面把"仁"当作"礼"的心理依据。克己以爱人，就是"仁"；用仁爱之心正确而恰当地处理好人际关系，就是"礼"。

（四）礼是人性和环境矛盾的产物

这一学说的目的，在于解决人和环境的矛盾。孔子"克己复礼"的观点，就是看到了人和环境的矛盾，而解决这种矛盾的方法是"克己"。人的好恶欲望如不加以节制，可能造成产生后果，于是圣人制礼，节制贪欲。

（五）礼生于理，起于俗说

这是对礼仪起源的更深入的探讨。理，是指事物的必然性的道理。人们为了正常生存和发展，根据面临的生存条件，制定出合乎人类生存发展必然性和道理的行为规范，就是"礼"。"礼"是理性认识的结果。事物的礼落到实处，使之与世故习俗相关，所以又有了礼起源于俗的说法。荀子说："礼以顺民心为本，顺人心者皆礼也。"从理和俗上说明了礼的起源。

任务拓展

在中国古代，人们对伏羲氏和神农氏表示崇敬，是因为他们在与自然界的斗争中，教会人们种植农作物；对大禹表示崇敬，也是因为他为百姓治水；对尧、舜表示崇敬，则是因为他们率领人们与自然界斗争并且形成了人类最初的"社会秩序"，并以礼治来主导这种秩序。

根据上述种种说法，可以认为，"礼"先于"仪"，有了"礼"这个道德规范，才有"仪"这种表现形式。"礼"与"仪"常常密不可分。礼仪与部落群居的形成过程同步产生，并随着社会组成形式和国家制度的变化而变化，随着人类社会生活的发展而逐步完善起来。

二、礼仪的发展

（一）礼仪的形成阶段（约公元前 21 世纪—约公元前 770 年）

这一阶段主要是指夏商周时期。从史料上看，夏代已开始制礼，商代礼仪已渗透到社会生活中的各个方面，到了周代，制定了更详尽的礼法，出现了"三礼"，即《周礼》《仪礼》《礼记》。

《周礼》搜集了周王朝及各诸侯国的官制及制度，以儒家的政治理想加以增减取舍汇编而成。《仪礼》的内容主要是冠、婚、丧、祭、乡、射、朝、聘等典礼的详细仪式，阐述了春秋战国时期士大夫阶层的礼仪，提倡一种有等差的人伦礼仪。《礼记》的内容主要是记载和论述先秦的礼制、礼仪，记录孔子及其弟子等的问答，记述修身做人的准则，是一部儒家思想的资料汇编。

任务拓展

在这一阶段中，礼的内容主要体现在《周礼》中的"王礼"部分。所谓"王礼"是指祭祀之事为"吉礼"，冠婚之事为"嘉礼"，宾客之事为"宾礼"，军旅之事为"军礼"，丧葬之事为"凶礼"。

"三礼"是我国古代政治制度的三部儒家经典，是中国古代礼仪制度的蓝本和百科全书，是我国最早、最重要的礼仪论著，标志着礼仪已经达到了系统完备阶段。在这一时期，礼仪的特征已从单纯祭祀天地、鬼神、祖先的形式，跨入了全面制约人们行为的领域。这些礼仪内容，对后世人们的行为规范、人际交往以及社会公德的形成，都产生了极大的影响。

（二）封建礼仪阶段（约公元前 771 年—约 1910 年）

这一阶段主要是指从儒学的产生，到以儒学为基础的封建礼仪形成、强化和衰落时期，以孔子为祖师的儒家学派逐步形成。这一时期，礼仪成为儒家学派的核心——"礼教"。在这个时期，礼仪的明显特征就是把人们的行为纳入封建道德的轨道，把人们教化成"非礼勿视，非礼勿听，非礼勿言，非礼勿动"的精神奴隶。礼教文化是这个时期"礼"的核心和基本内容。

（三）近代礼仪阶段（约 1911 年—约 1948 年）

辛亥革命的胜利，结束了统治中国 2 000 多年的封建专制制度。新的礼仪礼俗也就随之出现，这一时期的礼仪，体现了近代自由、平等的原则。因此，资产阶级的平等思想、文化习俗和审美观点开始渗透到社会生活中的各个方面，冲击了森严的封建意识和等级观念，对当今中国社交礼仪产生了重大影响。

（四）当代礼仪阶段（1949 年以来）

新中国成立后，新型的社会关系和人际关系的确立，标志着我国礼仪进入了一个新的历史时期。这一时期，确立了同志式的合作互助关系和男女平等的新型社会关系，而尊老爱幼、讲究信义、以诚待人、先人后己、礼尚往来等中国传统礼仪中的精华则得到继承和发扬。

三、礼仪的定义

在汉语里，最早的"礼"和"仪"是分开使用的。在古代典籍中，"礼""仪"的含义分别为：

1. "礼"的含义

（1）礼物，如送礼、礼品。

（2）表示敬意的通称，如敬礼、礼貌。

（3）为表示敬意或隆重而举行的仪式，如婚礼、丧礼、典礼。

（4）泛指社会生活中的某种社会规范和道德规范，如"齐之以礼"；朱熹语曰："礼，谓制度品节也。"

2. "仪"的含义

（1）指人的外表，如仪表、仪态。

（2）指形式、仪式，如仪式、司仪。

（3）指典范、表率，如"上者，下之仪也"、礼仪小姐。

（4）指礼物，如贺仪、谢仪。

将"礼"和"仪"连用始于《诗经·小雅·楚茨》："为宾为客，献酬交错，礼仪卒度。"

任务拓展

民俗界认为礼仪包括生、冠、婚、丧四种人生礼仪。实际上礼仪可分为政治与生活两大部类。政治礼仪类包括祭天、祭地、宗庙之祭、祭先师先圣、尊师乡饮酒礼、相见礼、军礼等。生活类礼仪按荀子的说法有"三本"，即"天地生之本""先祖者类之本""君师者治之本"。礼仪的本质是治人之道，是鬼神信仰的派生物。直到现代，礼仪才得到真正的改革，无论是国家政治礼仪，还是人民生活礼仪都改变成无鬼神论的新内容，从而成为现代文明礼仪。

礼仪是在人际交往中，以一定的、约定俗成的方式来表现的律己敬人的过程，涉及穿着、交往、沟通、情商等内容。从个人修养的角度来看，礼仪可以说是一个人内在修养和素质的外在表现；从交际的角度来看，礼仪可以说是人际交往中使用的一种艺术、一种交际方式或交际方法，是人际交往中约定俗成的示人以尊重、友好的习惯做法；从传播的角度来看，礼仪可以说是在人际交往中进行相互沟通的技巧。

四、礼仪的基本要素和内容

（一）构成礼仪的基本要素

礼仪是由礼仪的主体、客体、媒体、环境四项基本要素所构成的。

（1）礼仪的主体。礼仪的主体指的是礼仪活动的操作者和实施者。它既可以是个人，也可以是组织。

（2）礼仪的客体。礼仪的客体指的是礼仪活动的指向者和承受者。它既可以是人，也可以是物；可以是物质的，也可以是精神的；可以是具体的，也可以是抽象的；可以是有形的，也可以是无形的。

（3）礼仪的媒体。礼仪的媒体指的是礼仪活动所依托的一定的媒介，有人体礼仪媒体、物体礼仪媒体、事体礼仪媒体等。在具体操作礼仪时，这些不同的礼仪媒体往往是交叉、配合使用的。

（4）礼仪的环境。礼仪的环境指的是礼仪活动特定的时空条件，有自然环境与社会环境。礼仪的环境，经常决定着礼仪的实施。不仅实施何种礼仪由其决定，而且具体礼仪的实施方法也由其决定。

（二）礼仪的基本内容

依据其适用对象、适用范围的不同，礼仪包括以下基本内容：

（1）一般礼仪。一般礼仪包括礼仪的本质、特性，礼仪的起源和历史演变，礼仪的功能和原则等。

（2）礼仪修养。礼仪修养主要涉及礼仪修养的本质、意义、特征和方法等问题。

（3）个人礼仪。个人礼仪主要包括言谈、举止、服饰等方面的礼仪要求。

（4）家庭礼仪。家庭礼仪包括家庭称谓、问候、祝贺与庆贺、赠礼、家宴及家庭应酬等礼仪规范。

（5）社交礼仪。从家庭走向社会，进行社会交往，是礼仪行为向社会的扩展。社交礼仪通常包括见面与介绍的礼仪、拜访与接待的礼仪、交谈与交往的礼仪、宴请与馈赠的礼仪、舞会与沙龙的礼仪、社交禁忌等。

（6）公务礼仪。公务礼仪是人们在公务活动过程中应遵循的礼仪规范，它存在着自身的特殊性。在礼仪的一般原则指导下，把握公务活动过程中的特殊礼仪规范，可以提高公务活动的效率和成功率。公务礼仪通常包括工作礼仪（如工作汇报、办公室礼仪等）、会议礼仪、公文礼仪、公务迎送礼仪等。

（7）仪书文礼。仪书文礼是人们在日常交往过程中，用书信和其他文字方式表达情感的礼仪形式，通过礼仪文书，可以达到彼此交流思想、互通信息、加深友谊的目的。常用的礼仪文书有：礼仪书信（如邀请信、贺信、感谢信等）、礼仪电报、请柬、名片、贺年片、题词、讣告、唁电、碑文等。

（8）商务礼仪。商务礼仪与一般的人际交往礼仪不同，它体现在商品活动的各个环节之中。对于商业企业来说，从商品采购到销售，从商品销售到售后服务等，每一个环节都与本企业的形象息息相关。因此，商业企业及其每一个成员，如果能够按照商务礼仪的要求去开展工作，这对塑造商业企业的良好形象，促进商品销售，将会起到极其重要的作用。商务礼仪主要包括柜台待客礼仪、商务洽谈礼仪、推销礼仪、商业仪式等。

（9）习俗礼仪。不同的国家、不同的民族存在着不同的风俗习惯，充分了解这些风俗习惯，并在社交往来中自觉尊重这些风俗习惯，有助于促进交往的成功。习俗礼仪的内容主要包括日常生活礼俗、岁时节令礼俗等。

（三）礼仪的特性及原则

1. 礼仪的特性

（1）规范性。礼仪是一种规范。礼仪规范的形成，是对人们在社会交往实践中所形成的一定礼仪关系的概括和反映。也就是说，礼仪是人们在长期反复的生活实践中形成并通过某种风俗、习惯和传统方式固定下来的，通过一定社会的思想家们集中概括出来，见之于人们的生活实践，形成人们普遍遵循的行为准则。这些行为准则，不断地支配或控制着人们的交往行为。规范性是礼仪的一个极为重要的特性。

（2）多样性。礼仪与每一个人都有着密切的联系，它涉及生活、学习和工作的不同领域。同时，不同的个人，在其生活、学习和工作的特定领域里又有特定的礼仪要求。因此，不管是在内容上，还是在形式上，礼仪都是丰富多样的。

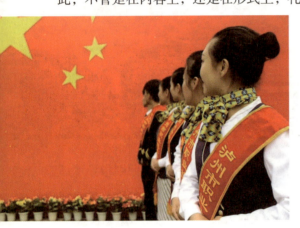

（3）继承性。礼仪是一个国家、民族传统文化的重要组成部分。每一个民族的礼仪文化，都是在本民族固有传统文化的基础上，通过不断吸收其他民族的礼仪文化而发展起来的。

（4）差异性。礼仪作为一种行为准则和规范是约定俗成的，这是民族礼仪文化的一个共性。但是对于礼仪的具体运用，则会因现实条件的不同而呈现差异性。这主要表现在：同一礼仪形式常常会因时间、地点的不同而使其意义出现差异。礼仪的差异性还表现为同一礼仪形式在不同场合，针对不同对象会有细微差别。如同样是握手，男女之间力度就应不同，新老朋友之间亦应有差别。同样是打招呼，不同地区、不同民族之间也不同。

（5）社会性。礼仪这种文化形态有着广泛的社会性。礼仪贯穿于整个人类的始终，遍及社会的各个领域，渗透到各种社会关系之中，只要有人和人的关系存在，就会有作为人的行为准则和规范的礼仪存在。

（6）应用性。礼仪具有很强的实用性和可操作性。从某种意义上来说，它实际上就是有关交际艺术的科学。

（7）实践性。与纯粹的理论演绎、概念探讨、逻辑抽象显然不同，礼仪来源于社会实践，并直接服务于社会实践。

（8）普及性。在现实生活中，每个人都必须参加交际活动，每个人都希望自己的交际活动取得成功，而礼仪正是一门可将交际活动导向成功的学科。因此礼仪是一门人人必修的普及性学科。

（9）**综合性**。礼仪一方面是一门专门研究人的交际行为规范的科学，这是它有别于其他学科的标志。但在另一方面，它又广泛吸收了其他许多学科的成果，用以充实和完善自身，在这个意义上，又可将它视为一门综合性学科。

（10）**限定性**。礼仪主要适用于交际场合，适用于普通情况之下一般的人际交往与应酬。在这个特点范围之内，礼仪肯定行之有效；离开了这个特定的范围，礼仪则未必适用，这就是礼仪的限定性特点。必须明确的是，当所处场合、所具有的身份不同时，所要应用的礼仪往往会因此而有所不同，有时甚至还会差异很大。一般而论，适合应用礼仪的，主要是初次交往、因公交往、对外交往三种交际场合。

（11）**可操作性**。切实有效、实用可行、规则简明、易学易会、便于操作，是礼仪的几大特征。礼仪既有总体上的原则、规范，又在具体的细节上以一系列的方式、方法，仔细周详地对原则、规范加以贯彻，使其被人们广泛地运用于实践，并受到公众的认可。

（12）**变动性**。礼仪是一种社会历史发展的产物，并具有鲜明的时代特点。一方面它是在人类的交际活动实践之中形成、发展、完善起来的；另一方面，因社会的发展与历史的进步，由此而引发的众多社交活动的新特点、新问题的出现，又要求礼仪有所变化，这就使礼仪具有相对的变动性。

2. 礼仪的原则

（1）**遵守的原则**。在交际应酬之中，每一位参与者都必须自觉、自愿地遵守礼仪，用礼仪去规范自己在交际活动中的言行举止。任何人，不论职位大小、财富多寡，都有自觉遵守、应用礼仪的义务；否则，就会受到公众的斥责。

（2）**自律的原则**。礼仪规范由对待个人的要求与对待他人的做法两大部分构成。对待个人的要求是礼仪的基础和出发点。学习和应用礼仪，最重要的就是自我要求、自我约束、自我控制、自我对照、自我反省、自我检点。

（3）**敬人的原则**。在礼仪的两大构成部分中，有关对待他人的做法这一部分，比对待个人的要求更为重要，这一部分实际上是礼仪的重点和核心。而对待他人的诸多做法之中最紧要的一条，就是要敬人之心长存，处处不可失敬于人，不可伤害他人的个人尊严，更不能侮辱对方的人格。掌握了这一点，就等于掌握了礼仪的灵魂。

> **任务拓展**
>
> **著名作家柏杨讲的"弹簧门"故事**
>
> 柏杨在台湾时，过弹簧门时总是一推而过，从来不管后面的人，几年来也没有发现什么不妥。但到美国时，有一次他过弹簧门，也是一推而进，谁知后面的一个美国人惨叫一声，捂住鼻子蹲了下来，这下吓得柏杨几乎"跪地求饶"。原来，他不知道在美国，人们总习惯在推门而入时回头望一望后面，等后面的人接手后方才松手，前面的人甚至帮后面的人拉拉门，直到大家都进去了才松手。从这一件事，柏杨学会了在推门后回头望一望，为别人拉一拉门，从而得到后面人的一声"谢谢"。柏杨说："只有心里有他人，尊重他人，才会得到别人的尊重。"

（4）宽容的原则。 要求人们在人际交往中运用礼仪时，既要严于律己，更要宽以待人。要多容忍他人、体谅他人、理解他人，千万不要求全责备、斤斤计较、过分苛刻、咄咄逼人。

> **任务拓展**
>
> 北京公交车售票员李素丽是单位的"五一劳动模范"，被评为服务标兵。有一次，她看到一个年轻人随口在车上吐了一口痰，就上前礼貌地提醒他，并请他将痰迹擦掉。可这个青年横了她一眼，没有动，说了句："你管那么宽做什么？"李素丽没有生气，她蹲下身，掏出纸巾将地上的痰迹擦掉。她的宽容赢得了乘客的夸奖，这位年轻人最后下车时脸红着对她说："大姐，对不起，今后我一定改掉这个毛病。"

（5）平等的原则。 在礼仪的核心点，即尊重交往对象、以礼相待这一点上，对任何交往对象都必须一视同仁，给予同等程度的礼遇。不允许因为交往对象彼此之间在年龄、性别、种族、文化、职业、身份、地位、财富以及与自己关系亲疏远近等方面有所不同，厚此薄彼，区别对待，给予不同待遇。但允许根据不同的交往对象，采取不同的具体方法。

（6）从俗的原则。 由于国情、民族、文化背景的不同，必须坚持入乡随俗，与绝大多数人的习惯做法保持一致，切勿目中无人、自以为是。

（7）真诚的原则。 在人际交往中运用礼仪时，务必诚实无欺、言行一致、表里如一。只有如此，自己在运用礼仪时所表现出来的对交往对象的尊敬与友好，才会更好地被对方理解并接受。

任务拓展

《三国志》中记载：刘备是一位有缺点，甚至才能平庸的人，然而，他却不可思议地成为了君主，其中最大的原因就是他很得人心，是一个社交高手。非常有个性的关羽、张飞都被刘备吸引，连诸葛亮这样的绝世英才，也对他心悦诚服。刘备作为这些人的领导者，其成功的关键在于注重社交、讲究礼仪、坦诚待人、表里如一。

（8）适度的原则。这要求在应用礼仪时，为了保证取得成效，必须注意技巧及其规范，特别要注意做到把握分寸、认真得体。当然，运用礼仪要真正做到恰到好处、恰如其分，只有勤学多练并积极实践。

（四）礼仪的误区

现实生活中，人们了解和运用礼仪时常常会出现一些偏颇的观点。比如"礼仪是表现形式""礼仪是虚伪的东西""礼仪是怯弱的表现""礼仪是阿谀奉承""礼仪是拍马屁"等。要正确对待这些观点，要求我们必须对以下几个问题有清楚的认识：

1. 礼仪不是形式，而是心灵的外衣

任务拓展

英国著名哲学家弗兰西斯·培根说："行为举止是心灵的外衣。"我国有古语："诚于中而行于外"，即只有心"诚"才可能表现在行动上讲礼貌，才可以一丝不苟地按照行为准则行事。比如见到人便微笑，见到女士就让先。但是，仅仅做到这一点的人还不能称之为有教养的文明人，人们的交往准则必须变为大多数人的精神，没有崇高的道德作为基础，礼仪只是华丽的装饰而已。比如周恩来和汪精卫都是有名的美男子，前者由于心灵崇高而深受爱戴，后者由于灵魂丑恶而遭人唾弃。

人与人的相互观察和了解，一般都是从礼节礼貌开始的。具备良好礼仪的人，在大多数场合下要比那些不具备者受欢迎得多。礼仪并不仅仅是一种形式，而是和思想意识密切联系着的，它以思想为基础，以真诚为原则。

2. 礼节不是阿谀奉承、溜须拍马、奴颜婢膝

态度温和、富有同情心、不做使他人厌烦或有损他人情感的事，这是一个文明人言行举止的基础，也是同其他民族、不同文化背景的人交往时言行的基础。但绝不能把善良、和蔼、谦恭与阿谀奉承、溜须拍马、奴颜婢膝相提并论。

任务拓展

　　俄国作家契诃夫在短篇小说《公务员之死》中曾用几分荒诞的笔触刻画了这样一个绝妙的典型：小公务员切尔维亚科夫在看戏时，不小心打了一个喷嚏，他觉得这个喷嚏给坐在自己前面的一位将军带来了不快，于是开始道歉，他在戏剧的演出过程中道了歉，在幕间休息时再次道歉，事后又专程赶到将军办公室请求将军宽恕。可是切尔维亚科夫仍然感到自己还是没能以适当的方式向将军致以歉意，才一直没有得到将军的宽恕。这个故事的结局确实具有悲剧色彩，这个将军被切尔维亚科夫无休止的道歉惹得勃然大怒，他把这个小公务员从办公室轰了出去。切尔维亚科夫吓得惶惶不可终日，回到家中不久便死去了。

　　这个故事告诉人们，虽然道歉是非常懂"礼"的行为，但是如果这种"礼"不是建立在平等的基础上，而是用于阿谀奉承、溜须拍马、奴颜婢膝，就失去了"礼"的意义——人们之间的相互尊重。

3. 礼仪是需要学习的

　　一个受过良好教育的人，在交际中陷入尴尬困难的境地是常有的事，礼仪本身就包含了人们在社会生活中应遵循的公德。人们只有不拘泥于表面形式，真正使自己具备这种应有的道德观念，正确的礼仪才能确立。与此同时，礼仪又根植于一定的传统文化沃土之中，受过良好教育、彬彬有礼的人会给人以深刻的良好印象。因此，以正确的礼仪接人待物是需要学习的。

能力拓展

一、知识能力检测

（一）填空

（1）礼仪的发展经过了（　　）、（　　）、（　　）、（　　）四个阶段。

（2）三礼，是指（　　）、（　　）、（　　）。

（3）《仪礼》的内容主要是（　　）、（　　）、（　　）、（　　）、（　　）等典礼的详细仪式。

（4）《礼记》的内容主要是记载和论述先秦的礼制、礼意，记录（　　）和（　　）等的问答，记述修身做人的准则，是一部儒家思想的资料汇编。

（5）礼仪是由（　　）、（　　）、（　　）、（　　）四项基本要素所构成的。

（6）礼仪具有多样性、社会性、综合性、限定性和（　　）、（　　）、（　　）、（　　）、（　　）、（　　）、（　　）12个特性。

（7）礼仪要讲究遵守、适度、真诚和（　　）、（　　）、（　　）、（　　）8个原则。

（二）思考

（1）关于礼仪的起源有哪几种说法？

（2）礼仪的定义是什么？

（3）根据适用对象、适用范围的不同，礼仪包括哪些基本内容？

二、情景再现

（1）一天，列宁去理发室，看到排队的人比较多，就自觉到队伍的末尾排队。一位理发员认出了他，就同大家商议道："同志们！这是列宁同志。他日理万机，能否请他先理？"大家没有异议。但列宁马上站出来制止，说："不行！还是按照先后顺序。我的时间宝贵，别人的时间就不宝贵吗？我先理了，别人就要多等了。谢谢大家！"

案例分析：你从这个故事中得到什么启示？

_____

_____

_____

_____

_____

_____

（2）小李过马路时由于红灯时间太长，便开始闯红灯。突然，一辆汽车从马路上冲了过来，一个急刹车，停在了小李面前。小李吓了一跳，走到司机面前破口大骂，这时车的主人从后座出来察看情况，小李一看，是自己公司的老板，立马换上一副笑脸，走到领导面前点头哈腰连忙道歉，老板瞥了小李一眼，留下一句"明天你不用来上班了！"便坐上汽车扬长而去，留下小李一个人呆呆地站在原地。

案例分析：小李的言行违反了礼仪的哪些原则？

_____

_____

_____

_____

三、实践训练

（1）请收集有关礼仪传统文化的经典小故事，并讲给同学听。

（2）请你从事一次社交活动，记录礼仪环节，并分析礼仪活动的基本要素。

礼仪活动要素分析

活动名称：_____ 礼仪名称：_____

活动时间：_____ 活动地点：_____

礼仪要素	要素对象	要素作用	备注
主体			
客体			
媒体			
环境			

任务2 中西方礼仪的差异

》 **知识目标：** 掌握中西方礼仪的差异

》 **能力目标：** 了解中外有别，熟悉中外差异

》 **情感目标：** 尊重不同文化，提高对外交往能力

》 **学习重点：** 容易引起误解乃至冲突的不同礼仪文化

▶ **任务导入** ● ● ● ● ●

随着我国改革开放的步伐日益推进和加快，跨国交际日益增多。由于各国的历史与文化底蕴不同，各国的礼仪也有不少差异，因不了解这些差异而引起的误会和笑话并不少见，因此我们有必要了解中西方礼仪的差异。

▶ **任务实施** ● ● ● ● ●

一、东西方礼仪文化差异的背景

东方的礼仪文化主要是指以中国、日本、朝鲜、新加坡、泰国等亚洲国家为代表的具有东方民族特点的礼仪文化。

西方的礼仪文化主要是指以希腊、法国、美国、英国、德国为代表的具有现代西方民族特点的礼仪文化。它的产生与西方文明的发展有着密切的关系，它萌芽于古希腊，形成于17至18世纪的法国，其间深受古希腊、古罗马、法兰西等国文化的影响。

古老的东方是人类历史文明的发源地。它以其富含人情味的传统礼仪向人们展示了悠久的历史文化和无穷的魅力。西方的历史只有短短200多年，他们信奉的誓言是："只要我们能够梦想的，我们就一定能够实现！"这是西方精神，是在英雄主义和献身精神的基础上建立起来的。以它短短200多年的历史，创造了人类史上的灿烂文明，它所创造的生产力，比过去一切世代创造的全部生产力还要多，这就是西方的魅力。

由于中国人口占亚洲人口的三分之一还要多，后面我们着重以中国礼仪文化来分析东西方礼仪文化的差异（后面改称中西方礼仪的差异）。造成中西方礼仪差异的根本原因是中西方文化环境的不同，使得各国的人民有着完全不同的道德标准体系和价值观。

二、中西方礼仪各方面的差异

（一）礼仪文化的差异

总体而言，西方礼仪强调实用，表达率直、坦诚。东方人以"让"为礼，凡事都要礼让三分，与西方人相比，常显得谦逊和含蓄。具体有以下几个方面的表现：

（1）日常寒暄。日常打招呼，中国人大多使用"吃了吗？""上哪呢？"等，这体现了人与人之间的一种亲切感。可对西方人来说，这种打招呼的方式会令对方感到突然、尴尬，甚至不快，因为西方人会把这种问话理解成一种"盘问"，感觉对方在询问他们的私生活。

在西方，日常打招呼他们只说一声"Hello"，或按时间来分，说声"早上好！""下午好！""晚上好！"就可以了。而英国人见面会说："今天天气不错啊！"

（2）称谓方面。在中国，一般只有彼此熟悉、亲密的人之间才可以"直呼其名"。但在西方，"直呼其名"比在中国的范围要广得多。

在西方，常用"先生"和"夫人"来称呼不知其名的陌生人，对十几或二十几岁的女子可称呼"小姐"，对结婚了的女子可称"女士"或"夫人"等。西方家庭成员一般可互称姓名或昵称，在家里，可以直接叫爸爸、妈妈的名字。对所有的男性长辈都可以称"叔叔"，对所有的女性长辈都可以称"阿姨"。这在我们中国是不行的，必须要分清楚辈分、老幼等关系，否则就会被认为不懂礼貌。

在中国，人们很喜欢被称为某某经理、某某总裁，因为这是身份与地位的象征。但在西方，人们很少用正式的头衔称呼别人，正式的头衔只用于法官、高级政府官员、军官、医生、教授和高级宗教人士。值得注意的是，西方从来不用行政职务如局长、经理、校长等头衔来称呼别人。另外，在与人交谈时，切不可谈及个人的私事，诸如年龄、婚姻、收入、信仰等。看到别人买的东西不可问其价格；如果看到别人回来，也不能问他去哪儿了或者从哪里来，否则就会遭人厌恶，西方人常用"鼻子伸到人家私生活里来了"这句话来表示对提问人的轻蔑。而在中国，人们对个人隐私的界限远没有这么深刻，人们并不会在意别人对自己的生活做一般的了解。

任务拓展

在中国，某男士想找人问路，见前面有一位女士，就走上前去问道："小姐，请问××街怎么走？"女士听到他的话后，怒气冲冲地说："谁是小姐，你才是小姐！"说完，扬长而去，留下该男士尴尬地站在原地。

（3）告别。中西方语言中有多种不同的告别语。如在和病人告别时，中国人常说"多喝点开水""多穿点衣服""早点休息"之类的话，表示对病人的关怀。但西方人绝不会

说"多喝水"之类的话，因为这样说会被认为有指手画脚之嫌。比如他们会说"多保重"或"希望你早日康复"等。

（4）夸奖。在面对他人夸奖所采取的态度方面，中西方人不相同。面对他人的夸奖，中国人常常会说"过奖了""惭愧""我还差得很远"等字眼，表示自己的谦虚；而西方人面对别人真诚的赞美或赞扬，往往会用"谢谢"来表示接受对方的美意。

（二）餐桌礼仪的差异

中国人有句话叫"民以食为天"，由此可见饮食在中国人心目中的地位，因此中国人将吃饭看作头等大事。中国菜注重菜肴色、香、味、形、意俱全，甚至超过了对营养的注重；西方的饮食比较讲究营养的搭配和吸收，是一种科学的饮食观念。西方人多注重食物的营养而有时忽略了食物的色、香、味、形、意如何。除此之外，在餐饮气氛、餐桌礼仪方面也有差异。

（1）餐饮氛围。在餐饮氛围方面，中国人在吃饭的时候都喜欢热闹，很多人围在一起吃吃喝喝、说说笑笑，大家在一起营造一种热闹温暖的用餐氛围，除非是在很正式的宴会上，中国人在餐桌上并没有什么很特别的礼仪。

西方人在用餐时，都喜欢优雅、安静的环境，他们认为在餐桌上一定要注意自己的礼仪，不可以失去礼节，比如在进餐时不能发出很难听的声音。

任务拓展

　　餐桌上吃面条时，要注意不要发出响声，也不要吃一节嚼一节再夹起另一节。应用筷子或叉子将面条卷成一小圈，按照自己嘴的大小进食。

（2）餐桌礼仪。中西方餐桌礼仪也各具特色。在中国，从古至今大多都以"左"为尊，在宴请客人时，要将地位很尊贵的客人安排在左边的上座，然后依次安排；又如新郎新娘的结婚照要男左女右排列。

在西方则是以"右"为尊，男女间隔而座，夫妇也分开而座，女宾客的席位比男宾客的席位稍高，男士要替位于自己右边的女宾客拉开椅子，以示对女士的尊重。另外，西方人用餐时要坐正，他们认为弯腰、低头、用嘴凑上去吃很不礼貌，但是这恰恰是中国人通常吃饭的方式。

吃西餐的时候，主人不提倡大肆饮酒；而中国的很多餐桌上酒是必备之物，以酒助兴，有时为了表示对对方的尊重，喝酒的时候都是一杯一杯地喝。

（三）服饰礼仪的差异

西方人注重身份，中国人注重韵味。如果说西方服饰文化刻意追求表现人体美，而忽

视了服饰伦理，那么，中国服饰文化由于受到传统的伦理价值观念的影响还或多或少地保留着一些传统。

西方男士在正式社交场合通常穿保守式样的西装，内穿白衬衫，打领带。在西方国家，尤其是在美国，人们平时喜欢穿着休闲装，如 T 恤加牛仔服。在中国的正式场合，男女着装已与西方并无二异，在平时的生活中，人们会穿休闲装，如 T 恤、短裤、牛仔服等。

（四）其他方面的差异

（1）见面的礼仪。西方人见面时，不一定会握手，只要笑一笑，打个招呼就行了，即使是第一次见面；而中国人则视握手为一个基本礼节。

（2）礼品馈赠方面。在中国，人际交往特别讲究礼数，重视礼尚往来，往往将礼作为人际交往的媒介和桥梁。

中国人送礼的名目繁多，除了重要节日互相拜访需要送礼外，平时的婚、丧、嫁、娶、生日、升职、加薪都可以作为送礼的理由。西方礼仪强调交际务实，在讲究礼貌的基础上力求简洁便利，反对繁文缛节、过分客套造作。西方人一般不轻易送礼给别人，除非相互之间建立了较为稳固的人际关系。在送礼形式上也比中国人简单得多。一般情况下，他们既不送过于贵重的礼品，也不送廉价的物品，但却非常重视礼品的包装，特别讲究礼品的文化格调与艺术品位。

同时在送礼和接受礼品时，中西方也存在着差异。西方人送礼时，总是向受礼人直截了当地说明："这是我精心为你挑选的礼物，希望你喜欢。"或者说"这是最好的礼物"

之类的话。西方人一般不推辞别人的礼物，接受礼物时先对送礼者表示感谢，接过礼物后总是当面拆看，并对礼物赞扬一番。而中国人则不同，中国人在送礼时也费尽心思、精心挑选，但在受礼人面前却总是谦虚而恭敬地说"微薄之礼不成敬意，请笑纳"之类的话。受礼人通常会客气地推辞一番，接过礼品后，一般不当面拆看礼物，唯恐对方因礼物过轻或不尽如人意而难堪，或显得自己重利轻义，有失礼貌。

能力拓展

一、知识能力检测

（一）填空

（1）中西方礼仪主要存在（　）、（　）、（　）和其他方面几种差异。

（2）西方的礼仪文化主要是指以希腊、（　）、（　）、（　）、（　）为代表的具有现代西方民族特点的礼仪文化。

（二）思考

（1）说说中西方在餐桌礼仪上的不同。

（2）如果你有一位外国朋友，在赠送礼物时应注意哪些问题？

二、情景再现

（1）一位美国人在中国任教，中国同事总是对她说："有空来坐坐。"可半年过去了，美国同事从来没上过门，中国同事又说："我真的欢迎你来我家，如果没空，随时打电话来聊聊天也行。"一年下来，美国同事既没有打电话，也没有来访。奇怪的是，这位美国教师常为没人邀请她而苦恼。

案例分析：请问美国教师和中国同事的沟通，体现出哪些文化差异？

_____

_____

_____

_____

_____

（2）郑伟是一家大型国有企业的总经理。有一次，他获悉有一家著名的德国企业的董事长正在本市进行访问，并有寻求合作伙伴的意向。于是他想尽办法，请有关部门为双方牵线搭桥。

让郑总经理欣喜若狂的是，对方也有兴趣同他的企业进行合作，而且希望尽快与他见面。到了双方会面的那一天，郑总经理对自己的形象刻意地进行了一番修饰，

他根据自己对时尚的理解，上穿茄克衫，下穿牛仔裤，头戴棒球帽，足蹬旅游鞋。无疑，他希望自己能给对方留下精明强干、时尚新潮的印象。然而事与愿违，郑总经理自我感觉良好的这一身时髦的"行头"，却偏偏坏了他的大事。

案例分析：请问郑总经理一番刻意的修饰为什么却误了他的大事？他的德国同行对此可能有何评价？

_____

_____

_____

_____

三、实践训练

以"中西方礼仪的差异"为主题，组织一次班级电子小报评比或演讲比赛活动。

任务3 学生学习礼仪的重要性和方法

▶ **知识目标：**掌握学习礼仪的三大重要性和几种方法

▶ **能力目标：**能够将礼仪的重要性与自己的学习生活联系起来，并运用于社交

▶ **情感目标：**重视并热爱学习礼仪，坚定学习礼仪的信心

▶ **学习重点：**礼仪的三大重要性、"3A"原则

▶ 任务导入 ● ● ● ● ● ●

　　古人有这样的话：穷则独善其身，达则兼济天下。"修身齐家治国平天下"，把修身放在首位。教养体现于细节，细节展示形象。礼仪需要学习，以规范自身行为、培养礼仪品质、提高礼仪修养。

▶ 任务实施 ● ● ● ● ● ●

一、学生学习礼仪的重要性

（一）礼仪有助于维护企业形象，决定事业成败

任务拓展

　　一位广告设计师做了一个实验，结果发现一个相当有趣的现象：急驰在高速公路上的驾驶员眼睛从一块广告牌转移到下一块广告牌的时间仅相隔 4～6 秒钟，就可掌握广告牌所要传达的信息。

　　同样当你初次与人会面时，会不自觉地立刻去估量对方，把看见对方最初 6 秒钟的印象输入脑海，并从中尽量抓取可用的信息，以便立刻判断对方究竟是何等人物。素昧平生的人，就是遵循着这般急切的速度，尝试着认识彼此。

1. 礼仪是各项事业发展的关键

　　职业是人们在社会上谋生、立足的一种手段。讲究礼仪可以帮助人们实现理想、走向成功；可以促进全体员工团结互助、敬业爱岗、诚实守信；可以增强人们的交往和竞争实力，从而推动各项事业的发展。

2. 个人形象代表企业形象，是企业的活体广告

企业形象的好与坏实际就体现在企业员工素质的高与低上，如果企业员工素面朝天地上班，面黄唇无色，着暴露装束进出办公室，穿着睡衣逛市场、遛弯，西装革履游公园，手指指人、用脚指物，散漫拖拉……这对个人形象有着极大的损害，也阻碍着自己和所在企业事业的发展。有的人认为这不过是一些小节、细节，无伤大雅。然而，举不胜举的事例证明，就是这些小节体现出了人的文明教养程度，往往决定了事业的成败。

（二）礼仪是个人文化、道德修养的外在表现形式

任务拓展

2005 年，北京一次调查结果表明：人们对礼仪基本知识的知晓率不足 40%。这不得不引起我们的深思和焦虑，自古以来"礼仪之邦"的美称会不会断送在当今的青少年手中。可见，在青少年学生中，深入开展礼仪教育，重塑中华民族"礼仪之邦"的新形象，培养文明有礼的新一代，是十分必要和非常重要的。

（1）礼仪是个人美好形象的标志，是一个人内在素质和外在形象的具体体现。礼仪是个人心理安宁、心灵净化、身心愉悦、个人增强修养的保障，礼仪的核心是倡导人们要修睦向善。当每个人都抱着与人为善的动机为人处世，以文明市民的准则约束自己时，所

有的人都会体验到心底坦荡、身心愉悦的心情。孟德斯鸠曾说："礼貌使有礼貌的人喜悦，也使那些受礼貌招待的人喜悦。"一个彬彬有礼、言谈有致的人，能够更容易地与交际对象打成一片，从而被对方当成自己人。在其人生道路上也将会如沐春风，受到人们的尊重和赞扬，而且自己本身就是一片春光，可以给别人、给社会带来温暖和欢乐。

（2）通过学习礼仪，可以提高自身道德修养和文明程度，更好地显示自身的优雅风度和良好的形象。孔夫子曾说过："不学礼，无以立。"就是说一个人要有所成就，就必须从学礼开始。可见，礼仪教育对培养文明有礼、道德高尚的高素质人才有着十分重要的意义。礼仪教育是培养、造就成功人士的重要内容，其作用是其他形式不可替代的。礼仪本身作为人际关系的一把特殊钥匙，能够较轻易地打开各种交际活动的大门。

任务拓展

大作家塞万提斯说过："礼貌不花钱，却比什么都值钱。"有的礼仪形式看似简单，只不过是一个微笑、一声道谢、一次举手之劳，但这不起眼的表现，却可能成为我们立身处世的法宝。例如，在人才招聘会上，言谈儒雅、服饰得体、仪表端庄、神态大方、礼仪到位的毕业生更能受到用人单位的青睐。

（三）礼仪是一个国家、民族文明程度和社会风尚的重要标志

1. 中华民族自古以来就非常崇尚礼仪，号称"礼仪之邦"

著名思想家颜元说："国尚礼则国昌，家尚礼则家大，身有礼则身修，心有礼则心泰。"在社会生活中，礼仪对提高道德素质，塑造高尚人格具有十分重要的教育和导向作用，是一条行之有效的途径。要继承弘扬我国优秀的文化传统，加强社会主义精神文明建设，文明礼仪宣传教育是其中重要的一项内容。

2. 礼仪不仅可以培养人们的社会性，同时还是社会生活和交往的需要

（1）人际关系是人们通过交际活动而形成的交际者之间直接的心理关系。人际关系的和谐离不开一定的情感因素，而这一情感因素的最好表达形式主要就是一种符合规范的礼仪。如果不讲究礼仪，即使你心里很尊重对方，想得到对方的好感，也不一定会给对方留下好的印象。人们常常有意无意地由他人对礼仪的履行程度，以及自己所受到的礼遇来分析和判断这其中折射出的对方的心态、情感和意向，而后便会产生一定的情绪、体验，或增加好感，或产生排斥，心生不快。讲究礼仪，可以唤起人们的沟通欲望，建立好感和信任，进而形成和谐、良好的人际关系，促进交际的成功。

（2）礼仪是陌生人之间的润滑剂，是熟人之间的奢侈品。由于人的政治、经济、文化背景不同，性格、职业、年龄、性别等存在差异，交往中往往存在不同的价值取向；由于理想、价值观念不同，有时为了维护自身利益，在交流中还难免发生不同程度的矛盾，甚至冲突。礼仪作为社会交往的规范和准则，可以很好地协调人们之间的关系，起到"润滑剂"的作用。

（3）礼仪是家庭美满、和睦的根基。家庭是以婚姻和血缘为纽带的一种社会关系。家庭礼仪可以使夫妻和睦、父慈子孝、家庭幸福。

任务拓展

　　南方某市与国外的一座城市结为"友好城市"。该市工作人员被邀请前去参观。该市指派了一位副市长专门负责组织这项参观活动。这位副市长首先提出参观人员名单，并对全体参观人员进行了培训，学习参观城市政治、经济、文化、习俗等方面的知识。其次，他还对全体参观者进行了分工，把领队、接洽、翻译、食宿、安全等工作落实到个人，同时也把提问、记录、录音、拍照等任务分配到个人。最后，他还请礼仪专家给全体团员讲授出国参观的礼仪规范，对团员的着装、交际应酬等方面做了具体的规定。

二、学生学习礼仪的方法

（一）讲究"3A"原则

　　一个举止大方、着装得体的人肯定会比举止粗俗、衣着不整的人更受人欢迎，也就更方便交往与应酬。关于学习礼仪的方法，著名传播学家布吉尼教授提出了"3A"原则：

　　（1）接受对方（accept）。要有容纳意识，容纳意识要求我们尊重差异、容纳个性、容纳对方的缺点、谅解对方的一般过错。"水至清则无鱼，人至察则无徒。"清澈见底的水里面不会有鱼，过分挑剔的人也不会有朋友，没有容纳意识，迟早会将人际关系推向崩溃的边缘。

　　（2）重视对方（appreciate）。欣赏对方，如与人交往要善于使用尊称。对有行政职务的人要称行政职务，即使他是你的老朋友，在正规的场合也要称其行政职务，因为对方是代表单位，有决策权。也可称技术职称，就高不就低，比如王教授一般不说王副教授。重视对方还表现在记住对方，每个人都被认为是独一无二的，名字不能说错。

（3）赞美对方（admair）。发现别人的长处是美德，要恰到好处地赞美对方，即使是你的好朋友，在大庭广众之下也要赞美他，所谓"扬善于公庭，规过于私室"。

（二）以提高本人自尊心为基础

自尊，即自我尊重，是希望被别人尊重，不向别人卑躬屈节，也不容别人侮辱、歧视的一种心理状态。这是人的自我意识的表现，并以特定的方式指导人的行动，是一种积极的行为动机。正确的自尊心应具有待人谦逊、不骄不躁的品格。

学生在学会尊重他人时，自己也得到他人的尊重，自尊心在提高的同时，其内心的道德要求也在提高。所以，培养学生高尚的人格，使他们养成自尊、自爱、自律的良好品德显得尤为重要。礼仪教育可以作为动力和导向，在学生的个体发展上发挥重要作用。

任务拓展

刘备"三顾茅庐"的故事说明，只有尊重别人，才能受到别人的尊重和信赖，在事业上才能获得成功。周恩来同志一生鞠躬尽瘁，为了党和人民的事业贡献了毕生精力，每次外出视察工作，离开当地时他总是亲自和服务员、厨师、警卫员和医护人员等一一握手道谢。周总理是尊重他人的典范，是青少年学习的榜样。

（三）学会记住他人的名字

每个人都希望他人能够记住自己的名字，对个人来说，自己的名字是世界上听起来最亲切和最重要的声音。记住他人的名字能给对方带来一种受尊重感，让人产生想合作的心理，能很快缩短你和别人的距离。它不但是获得友谊、达成交易、得到新的合作伙伴的通行证，而且能立即产生其他礼节所达不到的效果。

要想记住他人的名字，除了用心记之外，还需讲究一些方法和技巧。与陌生人谈话的时候要先弄清对方姓名，在还没有听清楚的时候就说"对不起，我没有听清"，直到搞清楚为止。在谈话的过程中要反复重复对方的名字，并且这个时候要在脑海中把对方的面孔和名字反复对照，这样能够更好地加深对对方的记忆。

（四）学习礼仪要重在实践

任务拓展

历史上，中国曾被视为"衣冠王国""礼仪之邦"。父母给20岁的男孩子举行冠礼，给15岁的女孩子举行笄礼，取表字，告诉孩子他已经长大成人，要开始担当成人的职责；用六道仪节完成婚礼；士人之间有专门的士相见礼，以此表达友情的高洁而非功利；为表达尊贤敬老，举行乡饮酒礼；置聘礼以教诸侯相接敬让；国际交往时列国使节吟诵诗经表达各自对对方国家的礼节等。

礼仪之"礼"是一种道德规范：尊重，"礼者敬人也"。"仪"就是恰到好处地向别人表示尊重的形式。法国作家大仲马说过，有些人学了一生，而且学会了一切，但却没有学会怎样才有礼貌。在人际交往中，既要尊重别人，更要尊重自己，礼者敬人。相互尊重，需要一定的表达形式。要求交往者会说话，会使眼色，懂得待人接物之道。一些学生平时也知道要讲文明、懂礼貌，但在公共场合或遇到不熟悉的人时，其礼仪规范就无法发挥，这是他们缺乏自信的表现。学生要树立信心，懂得应用得体的礼仪言行，也是自我良好形象的塑造；要敢于展示一个有礼、自信、文明的自我，并且充分利用各种场合、机会去表现这一点。

能力拓展

一、知识能力检测

（一）填空

（1）孔子说过的（　　），就是说一个人要有所成就，就必须从学礼开始。

（2）讲究礼仪可以帮助人们（　　），可以促进全体员工（　　）、（　　）、（　　）；可以增强人们的（　　），从而推动各项事业的发展。

（3）"3A"原则是指（　　）、（　　）和（　　）。

（4）学习礼仪的方法讲究要接受对方，即要有（　　）；要重视对方，实际是（　　）。

（5）礼仪之"仪"就是恰到好处地向别人（　　）。

（二）思考

（1）学生学习礼仪的重要性有哪些？

（2）学生学习礼仪的方法有哪些？

二、情景再现

（1）某日，小芳心血来潮要去朋友家玩，在事先没有预约的情况下在朋友家门口大声叫门。朋友惊慌失措地放下手中的工作前来开门，还没反应过来，小芳沾满泥土的双脚就踏进了屋子。在没有征得朋友同意的情况下，小芳走进朋友的卧室，随意翻看朋友的抽屉和柜子。朋友非常气愤，又不好当面发作，但从此以后，小芳的朋友们都开始疏远她了。

案例分析：小芳的朋友们为什么都开始疏远她？你认为学习礼仪的重要性有哪些？

_____

_____

_____

（2）列夫·托尔斯泰在短篇小说《舞会之后》描写了这样一个情节：一个年轻女士偶然看到，在刚刚结束的舞会上以优雅举止给她留下极美好印象的上校，正在指挥手下人野蛮残酷地惩罚一个下属，使她大为震惊，感到不可思议。

案例分析：是什么原因使这个年轻的女士感到大为震惊？

_____

_____

_____

三、实践训练

（1）结合社会主义核心价值观的学习，组织一次有关学习礼仪重要性的讨论或公益宣传活动。

（2）请试着体验参加一次社会活动，看看自己在这次活动中能记住多少人的名字。

项目二

个人基本礼仪

开篇案例导读

● 风度和教养是装不出来的 ●

一天，一位中年女士领着一个小男孩走进美国著名企业"巨象集团"总部大厦楼下的花园，在一张长椅上坐下来。她不停地在跟男孩说着什么，似乎很生气的样子。不远处有一位头发花白的老人正在修剪灌木。忽然，中年女士从提包里拿出一团卫生纸抛到老人刚修剪过的灌木上面。老人诧异地转过头朝中年女士看了一眼，中年女士满不在乎地看着他。老人什么话也没有说，走过去拿起那团卫生纸，把它扔进了一旁装垃圾的筐子里。过了一会儿，中年女士又拿出一团卫生纸扔了过来。老人再次走过去把那团卫生纸拾起来扔到筐子里，然后回到原处继续工作。可是，老人刚拿起剪刀，第三团卫生纸又落在了他眼前的灌木上……就这样，老人一连捡了那位中年女士扔过来的六七团纸，但他始终没有因此露出不满和厌烦的神色。

"你看见了吧！"中年女士指了指修剪灌木的老人对男孩大声说道："我希望你明白，你如果现在不好好上学，将来就跟他一样没出息，只能做这些卑微低贱的工作！"老人听见后放下剪刀走过来，和颜悦色地对中年女士说："夫人，这里是集团的私家花园，按规定只有集团员工才能进来。""那当然，我是'巨象集团'所属的一家公司的部门经理，就在这座大厦里工作！"中年女士高傲地说道，同时掏出一张证件朝老人晃了晃。"我能借你的手机用一下吗？"老人沉默了一会儿说。中年女士极不情愿地把手机递给老人，同时又不失时机地教导儿子："你看这些穷人，这么大年纪了连手机也买不起。你今后一定要努力

/ 32 /

啊！"老人打完电话后把手机还给了中年女士。很快一名男子匆匆走过来，恭恭敬敬地站在老人面前。老人对来人说："我现在提议免去这位女士在'巨象集团'的职务！""是，我立刻按您的指示去办！"那人连声应道。老人吩咐完后径直朝小男孩走去，他伸手抚摸了一下男孩的头，意味深长地说："我希望你明白，在这世界上最重要的是要学会尊重每一个人……"说完，老人缓缓而去。

中年女士被眼前骤然发生的事情惊呆了。她认识那个男子，他是"巨象集团"的人事主管。"你……你怎么会对这个老园丁那么尊敬呢？"她大惑不解。男子答道："他就是集团的总裁，女士！"中年女士一下子瘫坐在长椅上。

情景导入

对待他人的做法，是礼仪的核心和重点，也就是保持敬人之心长存，处处不可失敬于人，不可伤害他人的个人尊严，这是礼仪的灵魂。个人行为举止要尊重每个人，不以身份而区分，这是一个人的风度，风度是装不出来的。财富不是一辈子的朋友，学会尊重别人才是一辈子的财富，这才是人生的最高境界。

课堂互动

分组讨论：

总裁为什么会免去这位女士在"巨象集团"的职务？中年女士在对待"园丁身份"的总裁时，其行为举止有何不妥？

任务**1** **个人仪容礼仪**

- ➢ **知识目标：** 了解个人仪容礼仪的内容和要求
- ➢ **能力目标：** 规范个人仪容，提升个人形象
- ➢ **情感目标：** 能综合展示自己的修养、气质和魅力
- ➢ **学习重点：** 表情的要求

▶ **任务导入** ● ● ● ● ● ●

　　仪容，通常是指人的外观、外貌。其中的重点则是指人的容貌。在人际交往中，每个人的仪容都会引起交往对象的特别关注，并将影响到对方对自己的整体评价。在个人的仪表问题之中，仪容是重中之重。

▶ **任务实施** ● ● ● ● ● ●

一、仪容的静态美

　　概括地讲：面必净，发必理，衣必整，钮必结；头容正，肩容平，胸容宽，背容直；气像勿傲、勿怠；颜色宜和、宜静、宜庄。总的来说，就是要整洁、自然和讲究互动。

　　（1）讲究个人卫生。勤洗澡、换衣，勤洗手、剪指甲。男士要经常修面，女士要保持皮肤的细润、修整。

　　（2）头发要常梳理、整理。头发的长度有要求，工作场合，男同志的头发一般不能够剃光，也不能太长，即前发不及眉、侧发不过耳、后发不及领。女同志不能让过肩的披肩发随意披散，上班时，一定要用发夹或皮圈将头发束好。对于企事业单位的工作人员和公务员，发型一般要求庄重保守，不能过分时尚、张扬。

　　（3）保持口腔清洁。养成早晚刷牙和饭后漱口

的好习惯，防止口臭和异物留于牙缝。注意到社交场合去之前，不要吃带有过分刺激性气味的食物，如葱、蒜、韭菜等。

（4）注意鼻子和耳朵的卫生。鼻腔、耳朵应保持干净清洁，不能有鼻毛或耳毛长出，也不能在人前用手挖鼻孔或拔鼻毛、掏耳朵。

（5）化妆有规矩。

①喷香水有讲究。香水不宜过浓，以交际圈 1～2 米之内，有点芬芳气味为宜。为避免香水过浓，可在出发前 1～2 小时或前一晚喷好，待自然挥发一定量后再外出就不会刺鼻了。也可采用在耳根或手腕脉搏跳动处轻轻涂抹少许的办法。

②化妆要协调。首先，尽可能让所用化妆品成系列。其次，化妆的各部位要协调。如要涂指甲油，那么甲彩、唇彩、服饰的色彩要一致、协调。

③化妆要避人。不要在办公室、会议室、公共汽车站等公共场所化妆。也不要在别人面前换衣服、穿袜子，整理自己，即便是在亲人面前，也应回避。

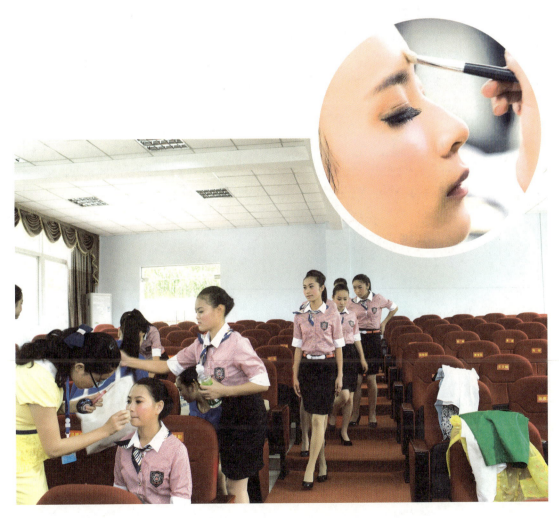

二、仪容的动态美

（一）行为举止的要求

"腹有诗书气自华"，一个人的行为举止是其教养、风度、魅力的综合体现。

（1）美观、规范。要求坐如钟、站如松、行如风。

（2）互动。就是说要注意自己的言行将产生良好预期的后果，要被交往对象理解和接受。比如：英文"OK"这个姿势在英语国家是同意、肯定之意，在其他国家就变了，在日本是"零"之意，在地中海沿岸是很下流的动作。因此，要注意举止要被对方理解并接受。

任务拓展

"腹有诗书气自华"，知识赋予了人一种内在的、永恒的美。一位知书达理的女士，自然流露着一种成熟的韵味，遇事不乱、处乱不惊、逢惊不慌……

随着社会物质水平的提高，清新宁静的环境被破坏了；随着人们生活方式的改变，压力、苦恼层层逼压；生活节奏的不规律，内心世界的不平衡，引起了生理的紊乱、衰老的加速。

美容，还了世界一份美丽。然而，人们似乎更多关注自己的外表美，却忽略了内在美。

从某种角度来说，外表的美只是给人感官上的享受，而内在的美却能给人精神上的享受；从另一种角度来说，外表的美只是春天的花，迟早要凋零，而内在的美却是秋天的果实，果实里的种子能栽种出美丽的花；外在美是一双水亮的大眼睛，而内在美则是从眼睛里透出的神采、灵气。

一味追求外在美，难免发生"东施效颦"之笑柄，一味追求外在美，容易伦为"俗不可耐"的媚。内外兼重的美自有一种高贵与优雅，秀外慧中的女士有很强的亲和力，在她身上有坚强、有睿智、有宽容、有品位，言行举止自然大方。

文化美容，美出一种气质来！

（二）表情的要求

这里主要讲人的面部表情，就是人的面部表情的外显，包括眼神、笑容、面部肌肉的动作。

1. 眼神

（1）眼能传神，也能走神。看对方时要注意做到"目中有人"，在与别人交流时，养成注视对方的习惯；并且眼神应是诚恳、友善的，表示对对方的尊重和友好。

（2）一般情况下，双方在1～2米的近距离交谈时，看对方的眼睛或头部位置，眼神不能停留于胸部和胸部以下的位置，这样很不礼貌，尤其是异性交谈时。眼神交流时切忌斜视，要正面面对对方，以正眼交流。

（3）交谈中，随着话题、内容的变换，应做出及时恰当的反映。或喜或惊，或微笑或沉思，用目光流露出会意的万千情意，会使整个交谈融洽、和谐、生动而有趣。

（4）谈话时眼睛往上、往下、眯眼、闭眼、游离不定、目光涣散，是傲慢、胆怯、蔑视的表现。

（5）交谈中，眼神交流的时间以整个交谈过程的三分之一至三分之二较为合适。切忌自始至终都注视对方，这是极不礼貌的；也不要少于三分之一的时间，不然有蔑视、轻视之嫌。每次注视的时间不可过长，可偶尔将视线移开一下，但不得移开太久。

2. 笑容

（1）进行接待、服务工作及与人交往时，一般以微笑为好。微笑要发自内心、自然大方，显示出亲切感。职业化的微笑一般要求露出6～8颗牙齿（上齿）。

（2）笑要掌握好分寸。如果在不该笑的时候发笑，或者在只应微笑时大笑，有时会使对方感到疑虑，甚至认为你是在取笑他，这显然也是失礼的。

（3）要笑好并非易事，必要时应进行训练，可以自己对着镜子练习。

能力拓展

一、知识能力检测

（一）填空

（1）仪容的基本要求，总的来说，就是要（　）、（　）和讲究（　）。

（2）与人眼神交流时，要求目光不能停留于（　）位置，这样很不礼貌。

（3）职业化的微笑一般要求露出（　）颗牙齿（上齿）。

（二）思考

（1）阐述仪容的基本要求。

（2）阐述眼神的基本礼仪要求和笑容的基本礼仪要求。

二、情景再现

王芳是某高校文秘专业高材生，毕业后就职于一家公司做文员。为适应工作需要，上班时，她毅然放弃了"清纯少女妆"，化起了整洁、漂亮、端庄的"白领丽人妆"。虽化了妆，却好似没有化妆，整个妆容清爽自然，尽显自信、成熟、干练的气质。

但在公休日，她又给自己来了一个大变脸，化起了久违的"青春少女妆"，看上去娇嫩欲滴，鲜亮淡雅，整个身心都倍感轻松。

心情好，自然工作效率就高。一年来，王芳以自己得体的外在形象、勤奋的工作态度和骄人的业绩，赢得了公司同仁的好评。

案例分析：王芳对个人外在形象的塑造，哪些地方值得你借鉴？

_____

_____

_____

_____

三、实践训练

（1）请检查自己的仪容仪表，是否符合在校学生的特点。

（2）面对镜子，整理自己的仪容仪表，并练习职业的微笑。每组练习20分钟，每天练习2～3组。

 **个人服饰礼仪**

> **知识目标：** 了解和掌握服装的分类和职业装的礼仪规范
> **能力目标：** 能根据职业装的礼仪规范得体着装
> **情感目标：** 塑造自我形象以增强个人魅力
> **学习重点：** 职业装的礼仪规范

▶ **任务导入** ● ● ● ● ●

　　在社交活动中，人们可以通过服饰来判断一个人的身份、地位、涵养；通过服饰可展示个体内心对美的追求，体现自我的审美感受；通过服饰可以增进一个人的仪表、气质。所以，服饰是人类的一种内在美和外在美的统一。要想塑造一个真正美的自我，首先就要掌握服饰打扮的礼仪规范，让和谐、得体的穿着来展示自己的才华和美学修养。

▶ **任务实施** ● ● ● ● ●

一、着装的基本要求

（一）着装应符合个人的身份和年龄

　　简单地说，就是要强调男女之别、长幼之别、职业之别、身份之别，让男人像男人，女人像女人，孩子像孩子，老人像老人。

任务拓展

　　曾经有一位在美国北美工作的女推销员，习惯于穿着深色套装，手提一个男性公文包。不久后，她调到阳光灿烂的南部加洲，仍然以同样的装扮去推销产品，结果业绩不够理想。后来她改变了装扮，穿戴色彩淡雅的套装，换了一个女性的皮包，这样装扮使她看起来更有亲和力，着装的改变使她业绩提高了许多。可见，着装在讲究端庄稳重的同时，也要考虑其他因素。

（二）着装要注意扬长避短

要根据自身体型来考虑服装的款式、花色等。比如：体型较瘦、脖子细长、锁骨突出者，不宜穿低领或薄衣料的服装。体型较胖、脖子粗短、腰粗、腹挺者，不宜穿高领、贴身、闪光的服装。体型矮小的人，则不宜穿长衣大裤。

（三）着装要区分场合

服装的种类、式样、花色千差万别，不同场合、季节和个人爱好不同，使人对服装的选择存在很大差异。原则上讲，正式的、隆重的场合应着礼服，一般场合可着便服。在学校，凡集会、外出参观、观看演出等，要求着校服，以统一服装来体现团队精神。

（1）办公场合。要求庄重保守。一般穿套装、套裙、制服或长袖衬衫、长裤、长裙。

（2）社交场合。工作之余的交往应酬时间，比如宴会、舞会、音乐会、聚会、串门，是典型的社交场合。社交场合的服装就可时髦、个性，可穿时装、礼服或具有民族特色的服装。

（3）休闲场合。工作之余个人活动的时间，比如在家休息或睡觉、健身运动、观光游览、逛街购物等，服饰要舒适自然，这是最不该讲究穿着打扮的地方，卫衣、牛仔服、夹克、拖鞋、凉鞋等可随便穿。切忌出现外出郊游时穿高跟鞋或工作服的情况，这样极不恰当。

二、着装的配色

服饰的美是款式美、质料美和色彩美三者完美统一的体现，形、质、色三者相互衬托、相互依存，构成了服饰美统一的整体。而在生活中，色彩美是最先引人注目的，因为色彩对人的视觉刺激最敏感、最快速，会给他人留下很深的印象。

服饰色彩的搭配应遵循一般的美学常识，服装与服装、服装与饰物、饰物与饰物之间的色彩应色调和谐，层次分明。饰物只能起到"画龙点睛"的作用，而不应喧宾夺主。服饰色彩在统一的基础上应寻求变化，肤与服、服与饰、饰与饰之间在变化的基础上应寻求平衡。一般认为，衣服里料的颜色与表料的颜色，衣服中某一色与饰物的颜色均可进行呼应式搭配。服装色彩搭配有三种方法：

（一）同色搭配

同色搭配即由色彩相近或相同，明度有层次变化的色彩相互搭配造成一种统一和谐的效果，如墨绿配浅绿、咖啡配米色等。在同色搭配时，宜掌握上淡下深、上明下暗。这样整体上就有一种稳重踏实之感。

（二）相似色搭配

色彩学把色环上的邻近色称为相似色。如蓝与绿、红与橙。相似色搭配时，两个色的明度、纯度要错开，如深一点的蓝色和浅一点的绿色配在一起比较合适。

（三）主色搭配

主色搭配指选一种起主导作用的基调和主色，相配于各种颜色，造成一种互相陪衬、相映成趣之效。采用这种配色方法，应首先确定整体服饰的基调，其次选择与基调一致的主色，最后再选出多种辅色。主色调搭配如选色不当，容易造成混乱不堪，有损整体形象，因此使用的时候要慎重。

三、常见礼服的分类

礼服是指在某些重大场合参与者所穿着的庄重而且正式的服装，分为男士礼服和女士礼服。

任务拓展

新华网北京 2014 年 3 月 23 日电，据新华社"新国际微博"报道，古老的阿姆斯特丹王宫，郁金香绽放，喜迎中国贵宾。习近平主席和夫人彭丽媛身着中式服装，出席威廉 – 亚历山大国王举行的盛大国宴。"白领结"盛装宴会是欧洲王室最高规格的礼遇。

近距离观察习主席当晚穿着的这套黑色中式礼服，诸多细节彰显中国元素：外形酷似被誉为中国"国服"的中山装，但不少地方已经"改良"，比如立领的造型取代了立翻领，前襟五粒扣则悄然变身以暗扣形式隐藏在衣服内侧，四个口袋减少了一个。可以说"改良"后的这身中式礼服颇具时尚感，令人眼前为之一亮。

（一）女士礼服

（1）日装礼服。又称午后正装，这种礼服是午后正式访问宾客们所穿的礼服。它还可以在听音乐会、观看戏剧、茶会和朋友聚会的场合中使用，稍加修饰也能参加朋友的婚礼和庆典仪式等，具有高雅、沉着、稳重的风格特点。

传统的日礼服选择不透明、无强烈放光的毛料、丝绸、呢绒、化纤以及混纺面料制作。与午服相配的外套称为午后外套，面料选用较厚的绸缎或上好的精纺毛呢料。日装礼服根据场合的不同，可有与之相适应的搭配方式，如穿着的局部加有刺绣装饰，精工制作的裙套装，裤套装，连衣裙，雅致考究的两件套装等。传统的日礼服多用素色，以黑色最为正规，特别是出席高规格的商务洽谈、正式庆典等隆重的场合，黑色最能表现庄重、自尊、大方。当然，出席庆典活动的时候，如朋友生日聚会、开张典礼等，气氛热烈而欢快，此时的礼服色彩应鲜亮而明快。

（2）正式礼服。又称晚装、夜礼服，一般是下午六点以后出席正式晚宴、观看戏剧、听音乐会以及参加大型舞会。晚间婚礼时所穿的正式礼服，也是女士礼服档次中最高、最具特色、最能展示女性魅力的礼服。

晚礼服以夜晚的交际为目的，为迎合豪华而热烈的气氛，选材总是采用丝绒、锦缎、绉纱、塔夫绸、欧根纱、蕾丝等闪光、飘逸、高贵、华丽的面料。晚礼服色彩总的是倾向高雅、豪华，如印度红、酒红、宝石绿、玫瑰紫、黑、白等色最为常用，配合金银及丰富的闪光色更能提升豪华、高贵的美感。再配以相应的花纹以及各种珍珠、光片、刺绣、镶嵌宝石、人工钻石等装饰，充分体现晚礼服的雍容与奢华。

（3）准礼服。适用于下午三点至六点朋友之间交往的非正式酒会。在这种酒会上，主人以鸡尾酒与其他的饮料招待客人，席上适当备以点心。鸡尾酒会不提供很多座位，客人手执酒杯自由走动，一般都是站着饮食和交谈。所以，这时候女性的礼服会比较短小精干。

鸡尾酒会礼服所用的面料比较宽泛，只要是垂悬性能较好的、精致美观的、华丽大方的都适用，如天然的真丝绸、锦缎、塔夫绸及各种合成纤维、混纺、精纺面料等，一些新型的面料也广泛用于此类礼服。

（4）婚礼服。白色礼服是西方女性宠爱的婚礼服形式，白色是新娘的专用色，从里到外全身洁白无瑕的装扮象征着婚姻的纯洁与神圣。

（二）男士礼服

（1）晨礼服。依照传统，晨礼服至今仍是西方男士下午六点前最正式的着装，它至今仍然影响着男士的着装习惯。在欧洲，晨礼服仍是男士礼仪的一部分，尤其是参加一些贵族传统的体育赛事；而在日本，晨礼服仍然是要员们白天参加各种活动的标准着装。

（2）燕尾服。这是最常见也最能够修饰身材的礼服种类，其特色是前短后长，前身长度于腰际，后摆拉长，可凸显出修长的双腿，并有收缩腰身的效果。燕尾服是

正式礼服的一种，在下午六点以后穿着，燕尾款式的礼服除了要配上背心以外，也可以搭配胸巾和领巾，以增加正式华丽感。

（3）平口礼服。又称王子式礼服。单排扣和双排扣都可以，它不及燕尾服与晨礼服的正式，可用于婚宴派对上的穿着。平口式礼服的特色是裁剪设计较类似于西装，适合较为瘦高的新郎穿着。平口礼服的正式穿法是外套、衬衣、长裤，搭配领结、腰封。

（4）西装礼服。普通西装并不能应用于正式场合，尤其是在自己的婚礼上，穿礼服才够隆重。如果将西服的枪驳领用缎面制成，成为西装礼服，再配领结和腰封（或者马甲），选择胸前打褶皱设计的礼服衬衣，也可以出席隆重场合。西装礼服是一种现代的改良礼服，它的正式穿法为外套、衬衣、长裤，搭配马甲、领带。

（5）韩版礼服。这是专为亚洲人所设计的一种礼服，亚洲人相比欧洲人，体型较小。韩版礼服在胸、腰、袖、裤上做了一点修饰，比较适合体形瘦小的人穿着，很多人会有一种误区，收身就是韩版，其实收身最早出现在欧版礼服当中。韩版礼服的正式穿法为外套、衬衣、长裤、马甲、领带。

四、职业装的礼仪规范

（一）男性职业装——西装

1. 西装的分类

（1）按件数分类。按西装的件数来划分，分单件西装、两件套西装、三件套西装。商界男士在正式的商务交往中所穿的西装，必须是西服套装，在参与高层次的商务活动时，以穿三件套的西服套装为佳。

①单件西装：便装，即一件与裤子不配套的西装上衣，仅适用于非正式场合。

②两件套西装：西服套装，指的是上衣与裤子成套，其面料、色彩、款式一致，风格相互呼应。

③三件套西装：按照人们的传统看法，三件套西装比两件套西装显得更正规。一般参加高层次的对外活动时，就可以这么穿。三件套包括一衣，一裤和一件背心。

（2）按版型分类。所谓版型，指的是西装的外观轮廓。严格地讲，西装有四大基本版型。

①欧版西装：欧版西装实际上是在欧洲大陆，比如意大利、法国流行的西装版型。欧版西装的基本轮廓是倒梯形，实际上就是肩宽收腰，这和欧洲男人比较高大魁梧的身材相吻合。选西装时，对这种欧版西装，要三思而后行，因为一般的人肩宽不够。双排扣、收腰、肩宽，也是欧版西装的基本特点。

②英版西装：英版西装是欧版西装的一个变种。它是单排扣，但是领子比较狭长，一般是三个扣子的居多，其基本轮廓也是倒梯形。

③美版西装：美版西装基本轮廓是"O"形，宽松肥大，以单件者居多，一般都是休闲风格，适合于休闲场合穿。

④日版西装：日版西装基本轮廓是"H"形，适合亚洲男人的身材，没有宽肩，也没有细腰。一般而言，它多是单排扣式，衣后不开衩。

（3）按上衣纽扣分类。按西装上衣的纽扣排列来划分，分单排扣西装上衣与双排扣西装上衣。

①单排扣的西装上衣：最常见的有一粒纽扣、两粒纽扣、三粒纽扣三种。一粒纽扣、三粒纽扣单排扣西装上衣穿起来比较时髦，而两粒纽扣的单排扣西装上衣则显得更为正规一些。男装常穿的单排扣西服款式以两粒扣、平驳领、圆角下摆款为主。

②双排扣的西装上衣：最常见的有两粒纽扣、四粒纽扣、六粒纽扣三种。两粒纽扣、六粒纽扣的双排扣西装上衣属于流行的款式，而四粒纽扣的双排扣西装上衣则明显具有传统风格。男子常穿的双排扣西装以六粒纽扣、枪驳领、方角下摆款为主。

③西服后片开衩分为单开衩、双开衩和不开衩，单排扣西服可以选择三者其一，而双排扣西服则只能选择双开衩或不开衩。

④穿单排扣西服套装时，应该扎窄一些的皮带；穿双排扣西服套装时，则扎稍宽的皮带较为合适。

2. 西装的着装要求

（1）要配套和得体。在正式场合，一般要求穿套装，色彩最好选用深色，给人稳重成熟的印象。

（2）西服的领子应紧贴衬衣领并低于衬衣1~2厘米。西装不宜过长或过短，一般以刚刚盖住臀部为宜，不要露出臀部。

（3）西装的袖子不宜过肥，一般袖口处最多到手腕的1厘米。胸围为穿一件羊毛衫感到松紧合适为宜，以保持挺括潇洒的风格。

（4）要穿好衬衣。衬衣领要挺括、干净。衬衣一般以白色为宜，白色衬衣显得稳重。衬衣的衣领一定要高于西装后领1~2厘米。衬衣的下摆要塞在裤子里，衬衣的袖口略长于西装袖口1~2厘米，应扣上袖口纽扣。

（5）应注意纽扣的扣法。一般站立时扣上西装的纽扣，坐下时要解开。扣子如果是两颗，只需扣上边一个；如果是三颗纽扣，则只需扣中间的一个。穿双排扣西装时，应把纽扣都扣上。

（6）穿西装必须穿皮鞋，不能穿布鞋、旅游鞋、凉鞋或运动鞋，袜子应以深色为宜。

（7）西装上衣外面的口袋原则上不应装东西，钱包、名片盒等最好放在上衣内侧口袋。

（8）要注意领带的选择和佩戴。领带是西装的重要装饰品，西装与衬衣、领带的搭配十分讲究。领带的长度一般要到腰部，如果未穿西装马甲，领带要长到腰带上沿附近。如果要用领带夹，正确位置是在六颗扣衬衣从上往下数第四颗扣的地方。领带夹不能太靠上，特别是不能有意地暴露在他人视野之内。

任务拓展

西装、领带与衬衫的配色规律

西装	领带	衬衣
黑色西装	银灰色、蓝色或黑红色条纹对比色调的领带	浅色或白色衬衣
灰色西装	砖红色、绿色、黄色的领带	白色衬衣
乳白色西装	红色为主，略带黑色或砖红色、黄褐色的领带	灰色衬衣
墨绿色西装	银灰色、浅黄色、红白相间的领带	银灰色或白色衬衣
暗蓝色西装	蓝色、深玫瑰色、褐色、橙黄色的领带	白色或浅蓝色衬衣

（二）男性职业装——中山装

中山装是以孙中山的名字命名的一种服装，是我国的民族服装，也是我国男士传统的礼服。其前门襟有五粒纽扣；带风纪扣的封闭式领口；上下左右共有四个贴袋，袋盖外翻并有盖扣。中山装的装着要求有：

（1）着中山装要保持整洁，熨烫要平整，衣领里可稍许露出一道白衬衫领。衣兜不要装得鼓鼓的，内衣不要穿得太厚，以免显得臃肿。

（2）无论什么社交场合都要扣好纽扣和领钩。成年男子穿上一套合身的上下同质同色的毛料中山装，配上黑色皮鞋，会显得庄重、神气、稳健、大方，富有中国男子气派。

（3）着中山装可以出席各种外交、社交场合。在国外，当主人要求穿着正式衣服时，我们可以穿着黑色中山装赴会。

（三）女性职业装

1. 女性职业装着装要求

（1）整齐。女性职业装必须合身，袖长至手腕，裤长至脚面，裙长过膝盖，尤其是内衣不能外露。衬衫的领围以插入一指大小为宜，裤裙的腰围以插入五指为宜。不挽袖，不卷裤，不漏扣，不掉扣；领带、领结、飘带与衬衫领口的吻合要紧凑且不系歪；如有工号牌或标志牌，要佩戴在左胸正上方，有的岗位还要戴好帽子与手套。

（2）清洁。衣裤无污垢、无油渍、无异味，领口与袖口处尤其要保持干净。

（3）挺括。衣裤不起皱，穿前要烫平，穿后要挂好，做到上衣平整、裤线笔挺。

（4）大方。款式简练、高雅，线条自然流畅，便于岗位接待服务。

2. 女性职业装着装六忌

（1）一忌过分杂乱、乱穿。穿高档套装、套裙切忌光脚丫穿露脚趾的凉鞋，应与高跟、半高跟的皮鞋搭配。穿套裙时，袜子是腿部的时装，要注意不能穿着挑丝、有洞或补过的袜子外出，且袜口不得短于裙摆边。袜子的大小松紧也要合适，不能当众整理自己的袜子，这样有失体统。

（2）二忌过分鲜艳。同样讲究三色原则。图案也要注意，重要场合的套装尽量是没有图案的，或者规范的几何图案。

（3）三忌过分暴露。忌暴露胸部、肩部，穿无袖装。

（4）四忌过分透视。内衣不能让别人透过外衣看到其颜色、款式、长短和图案。

（5）五忌过分短小。

（6）六忌过分紧身。

五、饰物的佩戴

现代人都喜欢佩戴一些饰物，让自己看上去更漂亮、更具个性，但是许多人在佩戴饰物后不仅没有达到这一目的，反而给自己的形象打了折扣，这是因为饰物戴得"不合时宜"，一般来说，饰物的佩戴也有一定要求。

（1）求精不贪多。无论工作还是生活，身上所佩戴的饰物通常越少越好。就首饰而论，女士戴戒指、项链、耳环、胸针之类的配饰，在一般场合里，限制在三种之内是最好的，而每一种不多于两件。

（2）**同质同色**。同质同色就是指色彩和款式要协调。比如，在穿旗袍裙参加酒会时，穿黑色旗袍戴上一枚黄金的胸针就很醒目，同时戒指或者项链也要首选黄金质地的。要戴眼镜，金丝边眼镜跟这枚黄金胸针配起来就更好看了。

（3）**符合习俗**。现在大家经济条件好了，戴黄金、白金首饰的人倒少了，戴珠宝的人却比较多。北方人戴翡翠的一个讲究是：男戴观音女戴佛。这就是一种习俗。再比如，在欧美国家，特别是到信奉天主教的国家，千万不要戴十字架的挂件。

（4）**注意搭配**。佩戴饰物时，应使之与你的服装和谐，与你的其他首饰和谐。比如，你戴一枚高档的钻戒，配时装最好了，它们会相得益彰。戴一般御寒的手套时，戒指应戴在手套的里面，在戴薄纱手套时，戒指应戴在手套的外面。在穿丝袜的时候，脚链戴在丝袜外面。不过，穿制服、穿套装、套裙的时候，女士不宜戴脚链。

任务拓展

　　把戒指戴在食指上，表示无偶而求爱；戴在中指上，表示正在热恋中；戴在无名指上，表示订婚或结婚；戴在小指上，则暗示自己是独身主义者。

　　在不少西方国家，未婚女子的戒指戴在右手而不是左手上；修女的戒指总是戴在右手无名指上，这意味着她已经把爱献给了上帝。

能力拓展

一、知识能力检测

（一）填空

（1）着装的色彩搭配有三种常用方法，具体是（　）、（　）、（　）。

（2）女士常见的礼服有（　）、（　）、（　）、（　）四种，男士常见的礼服有（　）、（　）、（　）、（　）、（　）五种。

（3）饰物佩戴的要求是（　）、（　）、（　）、（　）。

（二）思考

（1）女性职业装的着装要求是什么？

（2）西装的着装要求是什么？

二、情景再现

一次，某公司招聘文秘人员，由于待遇丰厚，应者如云。中文系毕业的小李同学前往面试，她的背景材料也许是最好的：大学四年中，在各类刊物上发表了共计3万字的作品，内容有小说、诗歌、散文、评论、政论等，还为6家公司策划过周年庆典，英语表达极为流利，书法也堪称佳作。小李五官端正，身材高挑、匀称。面试时小李穿着迷你裙，露出大腿，上身是露脐装，涂着鲜艳的唇膏，轻盈地走到主考官面前不请自坐，随后跷着二郎腿，笑眯眯地等着问话，孰料，三位招聘者互相交换了一下眼色。主考官说："李小姐，请回去等着通知吧。"她喜形于色："好！"挎起小包，飞跑出门。其结果是"请另谋高就"。

案例分析：这位才华出众的小李同学为什么找不到工作？

_____

_____

_____

_____

三、实践训练

假定你是公司的职员，请为自己设计一套工作服。

项目	具体方案
着装外形	
整体色彩	
款式	
面料	

任务 3 个人行为举止礼仪

➢ **知识目标：** 熟练掌握个人行为举止的动作要领

➢ **能力目标：** 根据不同场合能熟练掌握正确的举止动作

➢ **情感目标：** 让得体的举止给人一种美的享受和感化

➢ **学习重点：** 个人行为举止的动作要领

▶ 任务导入 ● ● ● ● ● ●

举止是一个人内在素质的外在表现形式之一，即所谓内在素质的外化。从某种意义上还可以说，举止是一种无声的"自我介绍"，它将一个人内在素质的高低、受教育的程度、能否值得信任等，都真实、自然地告诉了别人。优美得体的举止，能给人一种美的享受和感化，它能弥补容貌的不足。

▶ 任务实施 ● ● ● ● ● ●

一、站姿

古人云"站如松"，站的姿势应该是自然、轻松、优美的。不论站立时摆何种姿势，只有手脚的姿势及角度在变，而身体一定要保持绝对的挺直。

（一）站姿的动作要领

（1）身体舒展直立，重心线穿过脊柱，落在两腿中间，足弓稍偏前处，并尽量上提。

（2）精神饱满，面带微笑，双目平视，目光柔和有神，自然亲切。

（3）脖子伸直，头向上顶，下颌略回收。

（4）挺胸收腹，略微收臀。

（5）双肩后张下沉，两腿肌肉收紧直立，膝部放松。

（6）手位和脚位根据男女性别及场合不同，采取不同的姿势，但都在标准式站姿基础上做变化。

总的来说，做到头正、肩平、臂垂、躯挺、腿并；身体重心主要支撑在脚掌、脚弓上；从侧面看，头部与肩部、上体与下肢应在一条垂直线上。

（二）站姿的几种手位、脚位

手位	1. 双手置于身体两侧
	2. 右手搭在左手上，叠放于体前下腹
	3. 双手叠放于体后
脚位	1. 呈 "V" 字形
	2. 双脚平行分开，不超过肩宽
	3. "丁" 字形

（三）女士的几种站姿

（1）标准式。 身体直立，抬头挺胸，下颌微收；双目平视，嘴角微闭，面带微笑；双手自然垂直于身体两侧；双膝并拢，两腿绷直；脚跟靠紧，脚尖分开呈 "V" 字形，或两脚并拢。

（2）叉手式。 身体直立，抬头挺胸，下颌微收；双目平视，嘴角微闭，面带微笑；右手搭在左手上，叠放于体前下腹；双膝并拢，两腿绷直；两脚并拢，或脚跟靠紧，两脚尖略分开，呈 "V" 字形，身体重心可放在两脚上。

（3）丁字步。 身体直立，抬头挺胸，下颌微收；双目平视，嘴角微闭，面带微笑；右手搭在左手上，叠放于体前下腹；两脚尖略分开，右脚在前，将右脚跟靠在左脚脚弓处，两脚呈 "丁" 字形；身体重心可放在两脚上，也可放在一脚上，并通过重心的移动减轻疲劳。女性单独在公众面前或登台亮相时，丁字步站立，显得更加苗条、优雅。

●标准式   ●叉手式   ●丁字步

（四）男士的几种站姿

（1）标准式。身体直立，抬头挺胸，下颌微收；双目平视，嘴角微闭，双手自然垂直于身体两侧；双膝并拢，两腿绷直，脚跟靠紧，脚尖分开呈"V"字形或双脚并拢。

（2）叉手式。身体直立，抬头挺胸，下颌微收；双目平视，嘴角微闭；双手手指自然并拢，左手搭在右手上，叠放于体前下腹；双脚平行分开，两脚间距离不超过肩宽，一般以 20 厘米为宜。

（3）背手式。身体直立，抬头挺胸，下颌微收；双目平视，嘴角微闭；双脚平行分开，两脚间距离不超过肩宽，一般以 20 厘米为宜；双手在身后交叉，右手搭在左手上，贴于臀部。

● 叉手式　　　● 标准式　　　● 背手式

（五）防止不雅站姿

（1）上身。歪着脖子、低着头、斜着肩或一肩高一肩低、弓背、挺着腹、含胸或身体依靠其他物体等。

（2）手脚。两腿弯曲、叉开很大以及在一般情境中双手叉腰、双臂抱在胸前、两手插在口袋等。

（3）动作。搔头抓痒，摆弄衣带、发辫、咬指甲或下意识做小动作等。

（六）站姿训练

（1）头顶书，两膝夹纸不能掉。

（2）两人背对背或背靠墙。

（3）对镜练习。

二、坐姿

坐姿文雅、端庄，不仅给人以沉着、稳重、冷静的感觉，而且是展现自己气质与修养的重要形式。总的来说，要做到"坐如钟"。

（一）坐姿的动作要领

（1）入座要轻稳，从椅面左侧入座和起身。

（2）入座后上体自然挺直，挺胸，双膝自然并拢，双腿自然弯曲，双肩平整放松，双腿自然弯曲，双手自然放在双腿上或沙发、椅子扶手上，掌心向下。

（3）头正，嘴角微闭，下颌微收，双目平视，面容平和自然。

（4）离座时，要自然稳当。

（5）手位、脚（腿）位根据男女性别及场合不同，采取不同的姿势，但都在标准式坐姿基础上做变化。

（二）坐姿的几种手位、脚位

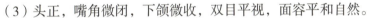

手位	1. 双手平放在双膝上
	2. 右手搭在左手上，放在双腿的中前部
	3. 一只手放在扶手上，另一只手仍放在腿上
脚（腿）位	1. 双脚并拢并齐
	2. 双脚向身体一侧倾斜
	3. 双脚交叉
	4. 双腿重叠，双脚向一侧倾斜

（三）女士的几种坐姿

（1）**标准式**。精神饱满，表情自然，目光平视前方或注视交谈对象；身体端正舒展，重心垂直向下或稍向前倾，腰背挺直，平坐椅面；右手搭在左手上，放在双腿的中前部；双膝并拢，双脚并齐。

（2）**前交叉式**。在标准式坐姿的基础上，脚位改变为双脚在身前交叉，并自然地放于地面。

（3）**曲直式**。在标准式坐姿的基础上，脚位改变，双脚一前一后，右脚在前，左脚屈回，两脚前脚掌着地，中间相差一脚的距离，并成一条直线。

（4）**前伸式**。在标准式坐姿的基础上，两小腿向前伸出一脚的距离，脚尖不要翘起。

（5）**后点式**。在标准式坐姿的基础上，脚位改变，双腿双脚并拢并屈回，收至椅子下方，两脚尖着地。

● 标准式　　　● 前交叉式　　　● 曲直式　　　● 前伸式

● 后点式　　　● 侧点式　　　● 侧挂式　　　● 重叠式

（6）**侧点式**。这是著名的"S"形女士坐姿。在标准式坐姿的基础上，两小腿向左斜出（也可以整体向右面斜出），两膝并拢，右脚跟靠拢左脚内侧，右脚掌着地，左脚尖着地，头和身躯向左斜，右手搭在左手上，放在双腿上。

（7）**侧挂式**。在侧点式的基础上，左小腿后屈，脚绷直，脚掌内侧着地，右脚提起，用脚面贴住左踝，膝和小腿并拢，上身右转（也可以整体向右面斜出）。

（8）**重叠式**。重叠式也叫"标准式架腿"。在标准式坐姿的基础上，两腿向前，一条腿提起，腿窝落在另一腿的膝关节上边。要注意上边的腿向里收，贴住另一腿，脚尖向下。这种坐姿应特别注意与跷二郎腿区别开。跷二郎腿一般悬空脚的脚尖朝天，脚底朝向人，并伴有上下抖动的不雅动作。只要注意上边的小腿往回收，脚尖向下这两个要求，不仅外观优美文雅，大方自然，富有亲近感，而且可以充分展示女子的风采和魅力。

（四）男士的几种坐姿

（1）**标准式**。精神饱满，表情自然，目光平视前方或注视交谈对象；身体端正舒展，重心垂直向下，腰背挺直，平坐在椅面上；双手平放或半握拳状放在双腿上；双膝、双脚微微分开，与肩同宽，两脚平放在地面上。

（2）**曲直式**。在标准式坐姿的基础上，脚位改变，双脚一前一后，右脚在前，平放于地面，左脚屈回，前脚掌着地；两脚之间相差一脚的距离，双膝之间相隔一拳的距离。

（3）**前伸式**。在标准式坐姿的基础上，两小腿向前伸出一脚的距离，脚尖不要翘起。

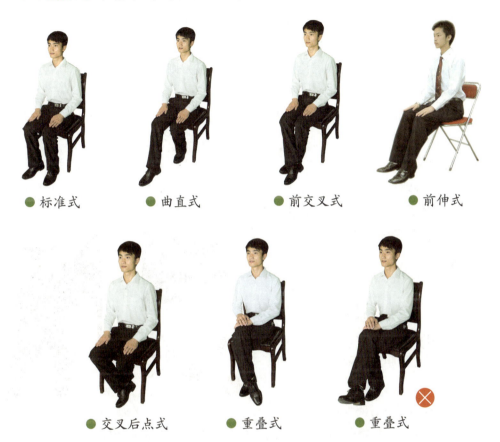

● 标准式　　　● 曲直式　　　● 前交叉式　　　● 前伸式

● 交叉后点式　　　● 重叠式　　　● 重叠式

（4）**前交叉式**。在标准式坐姿的基础上，脚位改变为双脚在身前交叉，并自然放于地面。

（5）**交叉后点式**。在前交叉式坐姿的基础上，脚位改变为双脚在身前交叉，收至椅子下方，双脚前脚掌着地。

（6）**重叠式**。在标准式坐姿的基础上，两腿向前，一条腿提起，腿窝落在另一腿的膝关节上边。要注意上边的腿向里收，贴住另一条腿，脚尖向下。

任务拓展

有的国家是忌讳脚底朝向人的，因为这表示挑衅、不满、轻视、愤怒的情感，是粗俗不雅的举止。

（五）入座的注意事项

（1）入座时要轻、稳、缓。走到座位前，转身后轻稳地坐下。如果椅子位置不合适，需要挪动椅子的位置，应当先把椅子移至欲就座处，然后入座。而坐在椅子上移动位置，是有违社交礼仪的。

（2）如果穿的是裙装，在落座时要用双手在后边从上往下把裙子拢一下，以防坐出褶皱或因裙子打折而使腿部裸露过多。

（3）坐在椅子上，应至少坐满椅子的 2/3，宽座沙发则至少坐 1/2。落座后至少 10 分钟左右的时间内不要靠椅背。时间久了，可轻靠椅背。

（4）双肩平正放松，两臂自然弯曲放在腿上，亦可放在椅子或是沙发扶手上，以自然得体为宜，掌心向下。

（5）在餐厅就餐时，最得体的入座方式是从左侧入座。当椅子被拉开后，身体在几乎碰到桌子的距离站直，领位者会把椅子推进来，腿弯碰到后面的椅子时，就可以坐下来了。

（6）离座时要自然稳当，右脚向后收半步，而后站起。

（六）注意避免不雅的坐姿

（1）就座后，不要用手托腮将或双肘放在桌上。

（2）不要频频离席，或挪动座椅。用餐时，上臂和背部要靠到椅背，腹部和桌子保持约一个拳头的距离。两脚交叉的坐姿最好避免。

（3）在餐厅入座后，不要随意摆弄餐具和餐巾，要避免一些不合礼仪的举止体态，例如随意脱下上衣，摘掉领带，卷起衣袖；说话时比比划划，或挪动座椅；头枕椅背打哈欠，伸懒腰，揉眼睛，搔头发等。

三、走姿

走姿是人体所呈现出的一种动态，是站姿的延续。走姿文雅、端庄，不仅给人以沉着、稳重、冷静的感觉，而且是展示自己气质与修养的重要形式。

（一）行走的基本要领

（1）行走时，上身应保持挺拔的身姿，双肩保持平稳，双臂自然摆动，手臂距离身体 30 ~ 40 厘米为宜。

（2）腿部应是大腿带动小腿，脚跟先着地，保持步态平稳。

（3）步伐均匀、节奏流畅会使人显得精神饱满、神采奕奕。

（4）步幅的大小应根据身高、着装与场合的不同而有所调整。

（5）女性在穿裙装、旗袍或高跟鞋时，步幅应小一些；相反，穿休闲长裤时步伐就可以大些，凸显穿着者的靓丽与活泼。女性在穿高跟鞋时尤其要注意膝关节的挺直，否则会给人"登山步"的感觉，有失美观。

（二）男士的走姿

（1）走路时要将双腿并拢，身体挺直，双手自然放下，下巴微向内收，眼睛平视前方，双手自然垂于身体两侧，随脚步微微前后摆动。

（2）双脚尽量走在同一条直线上，脚尖应对正前方，步伐大小以自己足部长度为准，速度不快不慢。

（3）走路时，腰部应稍用力，收小腹，臀部收紧，背脊要挺直，抬头挺胸，气要平，脚步从容和缓。

（4）上下楼梯时，应将整只脚踏在楼梯上，如果阶梯窄小，则应侧身而行。上下楼梯时，身体要挺直，目视前方，不要低头看楼梯，以免与人相撞。

（5）走路时如果遇到熟人，点头微笑招呼即可，若要停下步伐交谈，注意不要影响他人的行进。如果有熟人在你背后打招呼，千万不要紧急转身，以免紧随身后的人应变不及。

（三）女士的走姿

（1）女士走路时手部应在身体两侧自然摇摆，幅度不宜过大。如果手上持有物品，如手提包等，应将大包挎在手臂上，小包拎在手上，背包则背在肩膀上。

（2）上半身不要过于晃动，自然而又均匀地向前迈进，不急不缓。

（3）女士在走路时，不宜左顾右盼，经过玻璃窗或镜子前，不可停下梳头或补妆。

（4）女士走路时不要三五成群，左推右挤，一路谈笑，这样不但有碍于他人行路的顺畅，看起来也不雅观。

（四）行走注意事项

（1）走路尽量不要低头看地面。

（2）行走不宜拖脚走、跳着走或走出内八字或外八字。

（3）走路忌摇头晃脑，晃臂扭腰，左顾右盼，瞻前顾后。

（4）行走时忌与其他人相距过近，与他人发生身体碰撞。

（5）行走时忌尾随于其他人，甚至对其窥视围观或指指点点，此举会被视为侵犯人权或人身侮辱。

（6）忌边行走边吃喝。

（7）忌与已成年的同性行走时勾肩搭背，搂搂抱抱。

（8）走路时应该抬头、挺胸、精神饱满，不宜将手插入裤袋中。

（9）要尽量避免短而急的步伐，鞋跟不要发出太大声响。

四、引导手势

来宾的引导，指的是迎宾人员在接待来宾时，为其亲自带路，或是陪同对方一道前往目的地。

（一）引导手势的动作要领

（1）手掌自然伸直，手指并拢，拇指自然稍稍分开，虎口微微并拢。

（2）手腕伸直，手与小臂成一条直线，肘关节自然弯曲，大小臂的弯曲呈 130 ～ 140 度为宜。

（3）掌心向斜上方，手掌与地面成 45 度。

（二）常用的引导手势

1. 横摆式

（1）迎接来宾做"请""请进"时常用。

（2）右手从腹前抬起向右横摆到身体的右前方。

（3）腕关节要低于肘关节。

（4）站成丁字步或双腿并拢，左手自然下垂或背在身后、贴于下腹。

（5）头部和上身微向伸出手的一侧倾斜，目视宾客，面带微笑。

2. 斜臂式

（1）请来宾入座做"请座"手势时使用。

（2）手势应摆向座位的地方。

（3）手要先从身前的一侧抬起，到高于腰部后，再向下摆去，使大小臂成一斜线。

（4）手臂从上向下摆动，距离身体 45 度。

3. 曲臂式

（1）当一只手拿东西，同时又要做出"请"或指示方向时采用。

（2）以右手为例，从身体的右侧前方，由下向上抬起。

（3）至上臂离开身体呈 45 度的高度时，以肘关节为轴，手臂由体侧向体前的左侧摆动，在距离身体 20 厘米处停住。

（4）掌心向上，手指尖指向左方。

（5）头部随客人由右转向左方，面带微笑。

4. 直臂式

（1）需要给宾客指示方向时或做"请往前走"手势时采用。

（2）将右手由前抬到与肩同高的位置，前臂伸直，用手指向来宾要去的地方。

（3）一般男士使用这个动作较多。

（4）不可用一根手指指出，显得不礼貌。

5. 双臂横摆式

（1）当引领宾客较多时，请一行宾客都往一个方向"请"时使用。

（2）两臂从身体两侧向身前上方抬起，两肘微曲，向两侧摆出。

（3）指示前进方向一侧的手臂应抬高一些，伸直一些；另一只手稍低一些，弯曲一些。

五、蹲姿

蹲姿在工作和生活中用得相对不多，但却容易出错。人们在拿取低处的物品或在拾起落在地上的东西时，不妨使用下蹲和屈膝的动作，这样可以避免弯曲上身和撅起臀部，尤其是着裙装的女士下蹲时，稍不注意就会露出内衣，很不雅观。所以，规范的蹲姿很重要。

（一）蹲姿的基本要求

（1）下蹲拾物时，应自然、得体、大方，不遮遮掩掩。

（2）下蹲时，两腿合力支撑身体，避免滑倒。

（3）下蹲时，应使头、胸、膝关节在同一个角度上，使蹲姿优美。

（4）女士无论采用哪种蹲姿，都要将腿靠紧，臀部向下。

（二）常见的几种蹲姿

（1）高低式。男性选用这种蹲姿更为方便，女士也可选用这种姿势。

①下蹲时，双腿并不排在一起，而是左脚在前，右脚稍后。

②左脚应完全着地，小腿基本上垂直于地面；右脚则应脚掌着地，脚跟提前。

③此刻右膝低于左膝，右膝内侧可靠于左小腿的内侧，形成左膝高右膝低的姿态。

④臀部向下，基本上用右腿支撑身体。

⑤也可以交换左右脚高低状态，总之，形成外高内低的姿势。

（2）交叉式。通常适用于女性，尤其是穿短裙的人员。它的基本特征是蹲下后两腿交叉在一起。

①下蹲时，右脚在前，左脚在后，右小腿垂直于地面。

②全脚着地，右腿在上，左腿在下，二者交叉重叠。

③左膝由后下方伸向右侧，左脚跟抬起，并且脚掌着地。

④两脚前后靠近，合力支撑身体。

⑤上身略向前倾，臀部朝下。

（3）半蹲式。通常是在行走时临时采用，它的正式程度不及前面两种，但在需要应急时也可以采用。基本特征是身体半立半蹲。

①下蹲时，上身稍许弯下，但不要和下肢构成直角或锐角。

②臀部务必向下。

③双膝略微弯曲，角度一般为钝角。

④身体的重心应放在一条腿上，两腿之间不要分开过大。

（4）半跪式。又叫单跪式蹲姿，也是一种非正式蹲姿，多用在下跪时间较长，或为了用力方便时。

①下蹲后，改为一腿单膝点地，臀部坐在脚跟上，以脚尖点地。

②另外一条腿，应当全脚着地，小腿垂直于地面。

③双膝应同时向外，双腿应尽力靠拢。

（三）蹲姿的注意事项

（1）弯腰捡拾物品时，两腿叉开，臀部向后撅起；或两腿展开平衡下蹲，都是不雅观的。

（2）下蹲时注意内衣不可以露、不可以透。

（3）不要方位失当。下蹲时忌背对和正面他人，应与他人侧身相对。

六、上下楼梯

（1）上下楼梯时，要注意姿势和速度，与前后人之间保持一定距离。

（2）在上下楼梯时，均应单行行走，如果楼梯较宽，并排行走最多不要超过两人。

（3）一般情况下，上楼时，尊者在前，卑者在后，以示尊重；下楼时，尊者在前，卑者在后，此为安全之顾虑。

（4）特别要注意的是，上楼时，男士应该走在女士的前面；而下楼时，才能适用"女士优先"的礼仪原则。上楼时男士优先的原因在于，如果还让女士先请，那么走在后面的男士的视线正好落在女士的臀部上，这会让女士感到不舒服，属于失礼行为。

（5）注意要靠右侧行走，左侧是留给有急事的人通过的。

（6）上下楼梯时，不应进行交谈，更不应站在楼梯上或楼梯转角处进行深谈，以免妨碍他人通过。

七、进出电梯

（1）要注意安全。当电梯关门时，不要扒门，或是强行挤入。在电梯人数超载时，不要心存侥幸，非进去不可。当电梯在升降途中因故暂停时，要耐心等候，不要冒险攀援而行。

（2）要注意出入顺序。与不相识者同乘电梯，进入时要讲先来后到，出来时则应由外而里依次而出，不可争先恐后。与熟人同乘电梯，尤其是与尊长、女士、客人同乘电梯时，则应视电梯类别而定：进入有人管理的电梯，应主动后进后出。进入无人管理的电梯时，则应当先进去，后出来；先进去是为了控制电梯，后出来也是为了控制电梯。

（3）与客人共乘电梯所要注意的礼仪。

①引导客人或长辈来到电梯厅门前时，先按电梯呼梯按钮。轿厢到达厅门打开时，若客人不止一人时，可先行进入电梯，一只手按开门按钮，另一只手按住电梯侧门，礼貌地说"请进"，请客人们或长辈们进入电梯轿厢。

②进入电梯后，按下客人或长辈要去的楼层按钮。若电梯行进间有其他人员进入，可主动询问要去几楼，帮忙按下。电梯内可视状况是否寒暄，例如没有其他人员时可略做寒暄，有外人或其他同事在时，可斟酌是否必要寒暄。

③电梯内尽量侧身面对客人。

④到达目的楼层，一只手按住开门按钮，另一只手做出请出的动作，可说："××楼到了，您先请！"客人走出电梯后，自己立刻步出电梯，并热诚地引导行进的方向。

八、上下轿车

轿车在今天的社交活动中已经起着越来越重要的作用，一部车的档次高低，往往体现着乘车者的地位和身份。但是，如果仅仅是拥有好车，却没有优雅的上下车姿态，仍无法将高雅气质完全体现出来。因此，一定要注意在任何场合、任何地点都要保持优雅，上下车的动作自然也不例外。尤其是女性更要注意。

（一）女士上下车的动作要领

1. 女士上车应采用背入式（以左侧车门为例）

（1）右手轻扶住车门，身体微微侧转与车门并行。

（2）右脚轻抬，先进入车内；右手轻扶车门稳定身体。

（3）臀部往内背对车厢坐下，左手同时扶住车门边框支撑身体，并缓慢将左脚缩入车内，此时注意膝盖要并拢。

（4）借由双手撑住身体，移动身体至最舒服的位置坐妥，优雅地坐进车内。

（5）如穿长裙，应在关上车门前将裙子弄好。

2. 女士下车采用正出式

（1）将身体尽量移至车门，立定，正面朝车门。

（2）将身体重心移至另一只脚，再将整个身体移离车外，最后踏出另一只脚。

（3）如穿短裙，则应将双腿并拢先行移出，双脚先着地（双脚不可一先一后）；再将上体头部伸出，同时起立站起来。

（4）此时如着低胸上装，可以尝试用手弄一下头发或用手包护住前胸来避免走光。

（5）起身后等直立身体以后转身关车门，关门时不要东张西望，而是面向车门，注意不要用太大力气。

（二）男士上下车的动作要领

1. 男士下车

（1）下车前先整理好自己的衣着，停妥车后，开车门先将左脚踏出车外踩稳。

（2）一手扶住座椅，一手扶住车门框，借力站起身。

（3）重心移至身体左边，确实站稳后，伸出右脚同样踩稳。

（4）关妥门后，由车头方向走向右车门，协助女士下车；一手开车门，一手挡住车头顶处，以免女士起身时碰到头部。

2. 男士上车

与下车动作要领一致。

（三）上下车的顺序

基本要求：倘若条件允许，须请尊长、女士、来宾先上车，后下车。

（1）乘坐由专职司机驾驶的轿车，并与其他人同坐于后一排时，应请尊长、女士、来宾从右侧车门先上车，自己再从车后绕到左侧车门上车。下车时，则应自己先从左侧下车，再从车后绕过来帮助对方。

（2）乘坐多排座轿车，通常应以距离车门的远近为序。上车时，距车门最远者先上，其他人随后由远而近依次而上。下车时，距车门最近者先下，其他人随后由近而远依次而下。

（3）主人亲自驾车。要后上车，先下车，以便照顾客人上下车。乘坐由专职司机驾驶的轿车时，坐于前排者，要后上车，先下车，以便照顾坐于后排者。

（4）如果外出办事，同去的人员较多，对方热情相送，这时应在主动向对方道谢后，先上车等候。因为送别仪式的中心环节是在双方主要领导之间进行，如果所有人都非要等到领导上车后再与主人道别上车，就会冲淡领导双方的道别气氛，而上车也会显得无序混乱。

（5）如果陪同领导出席重要的欢迎仪式，到达时对方已经做好迎接准备，这时一定要等领导先下车，否则就会有"抢镜头"之嫌。如果是三排座以上的商务车，由领导边上的人为其开门，再避到后排，为领导下车让出通道。如果是双排座的轿车，欢迎的人群中自然会有人为领导开车门。

（四）注意事项

（1）从"安全"角度考虑，应该是后排左座最重要（司机后面的座位）。

（2）从"视线"角度考虑，应该是前排右座最重要（副驾驶室座位），但此座最不安全。

（3）从"服务"角度考虑，应该是后排右座最重要。

（4）车上不要睡觉，若乘车的人睡觉，司机也容易犯困。

（5）谈话要适当。与领导同车，自然要适当交谈，但一定要适度。

（6）车上领导之间谈工作，除非问到你或希望你介入，否则尽量不要插话。

一、知识能力检测

（一）不定项选择题

（1）个人行为举止包括站姿、坐姿、（　　）基本动作。

A. 走姿、蹲姿　B.上下楼梯　C.进出电梯　D.上下轿车

（2）雅致的就坐姿势是（　）。

A. 就座后，不要用手托腮或将双肘放在桌上，并且不要频频离席，或挪动座椅

B. 为了个人舒适随意，坐下后尽量将两脚交叉

C. 当天气炎热时，在餐厅入座后，可随意脱下上衣，摘掉领带，卷起衣袖

D. 餐桌上不要随意摆弄餐具和餐巾，避免头枕椅背打哈欠，伸懒腰，揉眼睛，搔头发等

（3）女士着裙装时采取（　　）蹲姿。

A.高低式　B.交叉式　C.半蹲式　D.半跪式

（二）思考

（1）与客人共乘电梯应注意哪些礼仪？

（2）日常生活中，我们应该避免哪些不雅的站姿、坐姿、走姿？

二、情景再现

1989 年，洛杉矶一名来自泰国的演员杀害了一名 29 岁的老挝人，被判犯有二级谋杀罪。当时的情形是那位演员在一家深夜营业的泰国卡巴莱演唱，这时一位老挝人把脚撂在椅子上，鞋底正对着这位演员。当时已是卡巴莱打烊的时候，那位演员跟踪老挝人并把他杀害了。

案例分析：为什么泰国演员对那个老挝人采取如此激烈的行为？老挝人的行为举止到底哪里不当？

_____

_____

_____

三、实践训练

（1）两个人为一组，背对背，头顶书，两膝夹纸不能掉，进行站姿训练。每次练习 2～3 组，每组练习 20 分钟以上。

（2）两人为一组，进行行走、握手、蹲姿、手势练习，相互观察对方的仪态，并指出正确与不正确的地方。

项目三

校园礼仪

开篇案例导读

汉明帝尊师

汉明帝还是太子的时候，就对自己的老师、当时的议郎非常尊敬，从不摆皇太子的架子。即位当皇帝后，也一如既往尊敬老师，从不把桓荣当一般臣下看待。当时桓荣已80多岁了，明帝为了照顾他，免去了上朝奏事的礼节，让他在家里好好休养。在学习中，有人向明帝请教，他总是很谦逊地说："太师在这里，我们好好听太师讲吧！"

对桓荣的健康状况，明帝关怀备至。后来桓荣一病不起，知道老师的病情严重，明帝立即决定亲自前往桓荣家。这天早晨，明帝下令免去朝仪，连早饭都顾不上吃，就到太常府去了。当御辇进入桓荣居住的小巷时，明帝怕惊动老师，就下辇步行，并轻脚轻手地率大臣和侍从在小巷里缓缓地向前移动着。这一里路的小巷，两旁高楼庭院，多是官宦人家，他们听说当今皇上亲自来看望桓荣，虽不敢走出门外，但男女老幼都早已聚集在门口、窗前。他们看到这种情景，都默不作声，肃然起敬。

到了桓荣家，明帝看到生命垂危的老师，忍不住流下了眼泪。时隔一天，桓荣病故的消息就传到了皇宫。明帝这时怎么也抑制不住巨大的悲痛了，他当即吩咐内宫为他准备丧服，亲自去吊唁。到了太常府门前，明帝径直来到了桓荣老师的灵柩前，流着泪行了礼，又亲自献上挽联。随后，转身对桓荣老师的亲属抚慰了一番，方才含悲离去。

尊师重道是中华民族传统美德的重要规范，其本质是尊重知识、尊重教育、尊重人才。古往今来，尊师重道已成传统，代代相传。做万事从做人开始，做人从修德开始，修德从孝亲尊师开始。

分组讨论：

结合汉明帝尊师的故事，讨论在学校里我们应该注意哪些尊师礼仪？

任务1 校园基本礼仪

» **知识目标：** 掌握学校不同地点和场合的礼仪规范

» **能力目标：** 应用不同地点和场合的礼仪规范来约束自己

» **情感目标：** 体验校园礼仪的宣扬对校风形成的影响

» **学习重点：** 学生仪容的要求及课堂礼仪

▶ **任务导入** ● ● ● ● ● ●

学校，是科学文化的殿堂，是莘莘学子幸福成长的摇篮，是播撒文明进步种子的"希望的田野"。这是一个充满朝气和活力的大家庭，既团结紧张，又严肃活泼。与之相适应，每位学生都应有良好的礼仪行为规范。

▶ **任务实施** ● ● ● ● ● ●

一、进出学校的礼仪

（一）主动出示校牌或相应证明

校牌是对学生身份的说明和确认，指明该生姓名和所在学校班级。住校生在封闭时间段外出，根据学校有关管理规定，有的还需同时出示班主任或德育处开具的"外出证明"条等手续。同时，还要注意按学校要求佩戴校徽。

任务拓展

校牌、校徽是学校的象征，是在校生的标志，佩戴校徽可以提高学生的荣誉感和责任感，使其养成良好的遵纪守法习惯，有助于形成良好的校风。要正确佩戴校徽，应佩戴于左胸上方，校牌要佩挂于胸前，不能随便乱挂，更不应该用卡通图片替代自己的照片。

（二）接受门卫人员的检查指点

（1）因故未带校牌应主动向门卫人员说明，并由班主任或德育处老师证明后，方能进入学校。

72

（2）进出校门衣冠整齐端庄，不能披头散发，要避免一些过于成人化的装扮。学生在校内外均不得穿拖鞋，女生不得穿高跟鞋、厚底鞋、奇装异服或细窄、露背及吊带服装；男生不得穿背心或祖胸露背进出学校。

（3）进出校门，如有某些举动不合校规的要求，如骑自行车的不按规定下车推行等，要虚心接受门卫人员的批评指点，不可有粗暴言行和其他恶劣表现。

（4）亲朋好友来访，需在门卫处登记相关事项，并出示有效证件，待门卫人员同意后方可进入。

（三）仪容端庄大方，服饰整洁高雅

任务拓展

　　学校规定学生在校内外参加集体活动时身着校服，这是优良校风的展现，也是学校培养学生注重礼仪的措施之一。穿着校服可以增强学生的团体意识，即集体主义精神；便于学校的统一管理；还可以消除学生的攀比心理，减少校园中的贫富差距，培养学生衣着朴素的良好习惯。

（1）尚处在求学阶段的学生仪容服饰应以朴素大方、活泼整洁为好。如果有校服的话，应按规定穿着校服。

（2）男生的发式宜理学生头，头发不宜过长，要经常修剪。切忌留长发、蓄小胡子。

（3）女生的发式以梳辫子、理短发为宜，不宜烫发。切忌化妆，佩戴金银首饰。

（4）学生的服饰应讲求色彩鲜明、线条流畅、明快简洁，不追赶时尚，更不宜穿紧、露、透的服装，严禁佩戴时尚或奇形怪状的饰物。

（5）上体育课和进行户外活动时要穿运动装，以保证安全。

二、课堂与办公室的礼仪

（一）课堂礼仪

任务拓展

我们尊敬老师的 10 个理由：

教师是人生的引路者；教师是伟大的培育者；教师是爱的传播者；教师是甘为平凡者；教师是知识渊博者；教师是赤心报国者；教师是无悔奉献者；教师是时代的推动者；教师是心灵的塑造者；教师是品德的示范者。

（1）课前准备。课前两分钟提前到教室准备上课的用品以及调整好课前纪律。

（2）上课。上课铃响后，老师走上讲台，值日生喊"起立"，全班同学应整齐地站起来，向老师行礼并呼"老师好"。下课时，值日生仍然要喊"起立"，待老师说完"同学们再见"后，全班同学要向老师行礼并说"老师再见"。

上课时认真听讲，善于思考。上课后，个别学生迟到，应在教室前门口站立并喊"报告"，待老师允许后方可进入教室。如教室门关着，应轻轻叩门。回答问题要先举手，切不可坐在座位上七嘴八舌地发言。回答问题时，站姿、表情要大方。别人回答问题时，不随意插话或讥笑。当老师在课堂上说错了话或演算错了题，学生应选择适当的时间、地点，以商量的口气、谦逊的态度向老师指出。做练习和实验，要认真，勿喧闹，并严格遵守实验室、机房的规定。

（二）进入办公室的礼仪

（1）学生进入办公室时，要先喊"报告"，征得老师同意后方可进入。

（2）不能乱翻老师的东西。

（3）不在办公室过久停留，以免过多占据老师的时间。

（4）在与老师谈话时，要做到"五到"：身到、眼到、耳到、口到、心到。

（5）离开办公室时应向老师告别或致谢。

任务拓展

尊师礼仪

见老师要问好，分别时说再见；门口楼道相遇，主动靠右避让；进办公室报告，离开时说再见；
双手接递物品，勿翻老师东西；虚心听取教诲，诚心接受教育；对老师要诚实，请勿欺骗老师；
珍惜老师劳动，完成老师任务；服从老师管理，请勿顶撞老师；有事打扰老师，躬身站立一侧；
尊重老师人格，不要评头论足；老师进入宿舍，起身让座相送。

三、宿舍礼仪

宿舍是住校生的主要生活环境之一，因此除了要求每个学生自觉遵守住校生守则以外，还要注意宿舍礼仪。

（一）宿舍生活准则

（1）遵守作息制度。按时就寝、起床，切勿在熄灯后大声喧哗或做其他事。

（2）节约资源，爱惜公物。

（3）关心他人，重视安全。

（4）自觉维护集体生活秩序。

（二）宿舍礼仪

（1）保持寝室整洁。

（2）被褥要折叠整齐并常换常洗，蚊帐要张挂得美观，衣服、鞋要妥善摆放。

（3）常洗衣服鞋袜，不将未洗的脏衣物乱丢乱放。

（4）重要物品或现金，应妥善保存。

（5）寝室内卫生用具用后要放回原处，离开寝室要关好门窗。

（6）在寝室里不可乱叫别人绰号，不说粗口，不讲庸俗下流的故事。

（7）有事到其他寝室串门，一定要得到该寝室成员的允许后方可进入。

（8）在寝室接待亲友来访，事前应与同寝室的人打招呼。

四、食堂就餐礼仪

（1）自觉在食堂就餐，饭菜不应端进教学楼、宿舍楼，不得在寝室就餐（病号除外）。

（2）自觉维护就餐秩序，排队依次买饭，不得拥挤、插队和托人带饭。

（3）按学校规定时间进入食堂就餐，不得提前到食堂就餐。

（4）节约粮食、讲公德、讲卫生，不得随地乱丢饭菜。

（5）不能在就餐时间吵嘴打架，同学间发生矛盾时，应请值班老师解决。

（6）违反食堂纪律的同学，要听从值班老师的劝阻。

（7）为了安全起见，所有就餐人员一律不能随意进入厨房工作间。

（8）尊重炊管人员，对炊管人员有意见，应通过组织层层反映，不得无理取闹或打骂炊管人员。

五、自习课礼仪

（1）自习课也是课，也应该遵守课堂纪律。

（2）应按照老师的安排，完成规定的学习任务。要注意保持教室学习环境的安静。

（3）不能随便离开座位、到处走动，更不能在教室做与学习无关的事情。要保持教室安静、整洁、有序的学习环境。

六、活动与集会礼仪

校内开展活动形式多样，如报告会、演讲会、知识竞赛、歌咏比赛、文体表演比赛等，一般规模都较大，参加的人数较多。因此，每个参加者都要顾全大局，遵守礼仪。

（一）集会前的礼仪

（1）遵守时间。

（2）行动要迅速。

（3）按指定位置入座。

（二）集会中的礼仪

（1）不随意走动或发出声响。

（2）注意力集中，自始至终保持良好的状态。

（3）切忌在台下议论纷纷、起哄、喝倒彩。

（三）散会时的礼仪

（1）在主持人未宣布散会时，不要匆匆离开会场。

（2）按主持人的安排，有秩序地退场，做到有始有终。

（3）退场时切勿拥挤。

七、观看演出的礼仪

（1）提前入场。啦啦队要提前至少半小时到达指定地点，服从会场总导演的指挥进行演练。演出开始之前，可以集体拉歌、呼口号，以调节会场的气氛并起到宣传作用。

（2）看演出中途不宜退场。中途退场是对演员的不尊重，也不要喝倒彩。

（3）要尊重演员的劳动成果。一个节目终了，要热烈鼓掌，但切忌演员最后几句道白还没说完，或者乐曲最后几小节还未结束就鼓掌。

任务拓展

美国总统罗斯福的夫人有一次去看一场钢琴演奏会，在演出期间她接到了白宫打来的加急电话，当时罗斯福总统病得很重。罗斯福夫人已隐约猜到了总统的情况很不好，但她没有立即退场，而是在钢琴家演奏完一曲后，当面向钢琴家道歉后才离开……

八、观看运动比赛的礼仪

学校经常举办运动会、篮球赛、羽毛球赛、乒乓球赛等全校性的比赛活动，啦啦队要做到文明助威，以下几点要注意：

（1）要为双方的运动员鼓掌喝彩，切忌因喜好一方而辱骂另一方。

（2）不管是本班组织的还是自发组织的啦啦队，都要做到有组织和统一指挥。

（3）啦啦队使用的标语、口号要有所选择，做到内容健康。

（4）观看时要站在指定的场所。

（5）比赛过程要服从裁判的裁决。

九、参加运动比赛的礼仪

（1）讲究赛场风度。要能经受运动场上各种情况的变化，泰然自若。

（2）尊重裁判。在体育比赛中，要相信裁判，尊重裁判。

（3）正确对待比赛结果。获胜者切忌过分骄傲和炫耀，或看不起对手。

十、升旗仪式上的礼仪

（一）升旗时所有在场人员都要肃立、端正

（1）升国旗仪式开始后，全体人员都要起立，面向国旗肃立致敬、行注目礼。

（2）所有人员，除了身穿制服外，一律应当脱帽，并摘下太阳镜。

（3）不得在场内走来走去。场内各处忙碌的工作人员也应立即停下手中的工作在原地站立，主席台上的贵宾也要一样起立，保持安静，不能讲话。

（4）凡经过升旗现场的人员都应面对国旗，自觉肃立。

（二）面向国旗行注目礼时神态要庄严

（1）升旗仪式是一个非常严肃、隆重的仪式，在场人员要行注目礼。

（2）行注目礼时眼睛要始终望着国旗，目光随着国旗冉冉升起。

（三）升国旗时应唱国歌，并注意仪态

（1）升国旗时应用统一的仪态表达对国家的热爱和崇敬。

（2）升旗时的仪态要求：身体直立，挺胸昂首，双手下垂靠拢身体两侧，保持立正姿势，眼睛始终随国旗移动并跟唱国歌。

能力拓展

一、知识能力检测

（一）不定项选择

（1）以下哪些装扮不适合学生？（　　　）

A.男生留胡子　B.涂指甲油　C.佩戴手链　D.女生化妆

（2）集会时应遵循哪些礼仪规范？（　　　）

A.不随意走动　　　　B.将手机铃声调为振动或无声状态

C.喝倒彩　　　　　　D.尊重台上发言者

（3）我国国歌的作曲者是（　　　）。

A.马可　　　B.聂耳　　C.王立平　　D.刘炽

（4）参加升旗仪式时我们应该（　　　）

A.立正站好　B.抬头　C.两眼注视国旗　D.唱国歌

（二）思考

你是一个尊重老师的学生吗？"是"表现在哪些地方？"不是"表现在哪些地方？

二、情景再现

李焱和刘川都是班上的长跑健将，在一次校运动会上，他们俩以极小的差距到达终点，可裁判却判刘川排在第一名，李焱不服，训斥裁判不公。

案例分析：请问，李焱的这种行为对不对？为什么？

_____

_____

_____

_____

三、实践训练

组织一次校园不文明行为大搜索活动，并通过各种行之有效的方式曝光，使全校师生更加重视并遵守校园礼仪。

任务2 网络礼仪

> **知识目标：** 掌握使用网络的礼仪规范
> **能力目标：** 文明使用网络
> **情感目标：** 体验文明使用网络的快乐
> **学习重点：** 使用网络的基本准则

▶ 任务导入 ● ● ● ● ● ● ●

　　在真实世界中，人与人之间的社交活动有不少约定俗成的礼仪；在互联网虚拟世界中，也同样有一套不成文的规定及礼仪，即网络礼仪，供互联网使用者遵守。

▶ 任务实施 ● ● ● ● ● ● ●

一、网络礼仪的基本准则

（1）记住别人的存在。　　　　　（6）分享你的信息。

（2）网上网下行为一致。　　　　（7）平心静气地争论。

（3）入乡随俗。　　　　　　　　（8）尊重他人的隐私和成果。

（4）尊重别人的时间。　　　　　（9）不滥用权利，遵守法律、法规。

（5）在网上给他人留个好印象。　（10）宽容。

任务拓展

　　美国的计算机协会 (The Association of Computing Machinery) 是一个全国性的组织，希望它的成员支持下列一般的伦理道德和职业行为规范：①为社会和人类做出贡献；②避免伤害他人；③要诚实可靠；④要公正并且不采取歧视性行为；⑤尊重包括版权和专利在内的财产权；⑥尊重知识产权；⑦尊重他人的隐私；⑧保守秘密。

二、收发电子邮件的礼仪

（一）撰写和发送

（1）一定要写清楚信件的主题或标题，以免对方误认为是恶意邮件。

（2）撰写时，应遵照普通信件或公文所用的格式和规则，文字简洁、礼貌。

（3）在写有关英文电子邮件时，不能全部采用大写字母。

（4）如果在发电子邮件时还另外加了"附件"，一定要在信件内容里加以说明。

（5）注意不要泄露商业机密、国家机密，从而造成无可挽回的损失。

（二）接收和回复电子邮件

（1）应当定期打开收件箱查看邮件，以免遗漏或耽误重要邮件的阅读和回复。

（2）在收到邮件后的当天予以回复，不能当场回复应说明。

（3）对于标题古怪或没有标题、发信人的邮件，不要随便打开，以免中毒。

（三）注意保存和删除电子邮件

（1）定期整理收件箱，对不同邮件分别予以保存和删除非常重要。

（2）对于有价值的邮件，必须保存，或者在复制后进行专门保留。

（3）垃圾邮件或者已无实际价值的公务邮件，要及时删除。

三、查阅信息的礼仪

任务拓展

南加利福尼亚大学网络伦理声明(The University of Southern California Network Ethics Statement) 指出了六种网络不道德行为类型：

（1）有意地造成网络交通混乱或擅自闯入网络及其相联的系统；

（2）商业性地或欺骗性地利用大学计算机资源；

（3）偷窃资料、设备或智力成果；

（4）未经许可而接近他人的文件；

（5）在公共用户场合做出引起混乱或造成破坏的行动；

（6）伪造电子函件、电子邮件信息。

（1）**目标明确**。对于所需查找的内容和相关网址，应提前做好准备，有明确的目标，以便上网后直奔"主题"。不登录色情、反动网站。

（2）**用语规范**。应当用规范语言，不得以为别人看不到你而随便使用攻击性、侮辱性的话。

任务拓展

电脑有自身独特的语言符号系统，例如表情符 ":)" 表示微笑，":(" 表示皱眉，":I" 表示冷漠，":D" 表示大笑等。又如缩略语 BTW 表示"顺便说一句"，FYI 表示"仅供参考"，OTOH 表示"另一方面"，IMHO 表示"据我愚见"等。对于上述语言符号，应当谨慎使用，不得滥用，以免因对方不理解而导致交流受阻。

（3）自我保护。不要以单位或部门名义在网上任意发表个人对时事的见解，尤其不能泄露商业机密、国家机密。不要随便在网上留下单位电话、个人联系方式、个人消息，以免被骚扰。尽量避免谈及涉密的相关话题。

（4）制止犯罪。我们必须正确使用网络技术，既不能充当"黑客"，同时又必须防范"黑客"。对于利用网络进行犯罪的事实，知道后应该及时向公安机关举报。

能力拓展

一、知识能力检测

（一）填空

（1）收发电子邮件时，一定要写清楚信件的（　）或（　），以免对方误认为是恶意邮件而将其在没被打开之前就删除了。

（2）如果不小心看到别人打开的电脑上的电子邮件或秘密，不应该（　）。

（3）在现实生活中大多数人都是遵纪守法的，在网上也（　）。

（二）思考

（1）阐述网络礼仪的基本准则。

（2）收发电子邮件需要注意哪些礼仪？

二、情景再现

小林和小雯是学习上的竞争对手。一天，小林从朋友的聊天记录里得知小雯的很多个人隐私并转发到她的朋友群里，引起了一阵热议，给小雯造成了不小的伤害。

案例分析：小林这种做法是否可取？为什么？

_____

_____

_____

_____

三、实践训练

遵照相关礼仪，给自己的好朋友发一封电子邮件。

SHEOULYI

项目四

社区礼仪

开篇案例导读

孟母断织

　　孟子小的时候，放学回家，他的母亲正在织丝，见他回来就问道："学习怎么样了？"孟子漫不经心地说："跟过去一样。"孟母见他无所谓的样子，十分恼火，当下用剪刀把织好的布剪断了。孟子见此，害怕极了，就问他母亲这样做的原因。

　　孟母说："你荒废学业，如同我剪断这丝一样。有德行的人学习是为了树立名声，多问才能增长知识，所以平时才能安宁，做起事来就可以避免于祸害。现在荒废了学业，就不免于做下贱的劳役，而且难于避免祸患。这和依靠织布而生存有什么不一样的呢？假如中途废弃而不做，哪能使丈夫和儿子有衣服穿，并且长期不缺乏粮食呢？女人如果荒废了生产家里需要的生活必需品，而男人放松了自己的修养和德行，那么一家人不做强盗小偷，也就只能做奴隶劳役了！"

　　孟子听后大惊，自此从早到晚勤奋学习，毫不松懈，终于成了天下有大学问的人。后世有德行的人都认为这是孟母懂得做母亲的法则。

情景导入

　　家是归宿，也是人格生成的母体，家庭人伦关系就是社会一切关系的原型。由此，家庭礼仪文化便成为中国传统文化的重要内容。它对塑造我们中华民族的性格、道德理想、价值观念等正发挥着牢固而巨大的功效，对当代青少年的道德人格养成也必然具有不可忽视的意义。

课堂互动

分组讨论：

　　孟母断织的故事让你从中得到哪些启示？尤其是当父母长辈严厉指出自己的不当行为或过失时，子女应该以什么样的态度对待这些意见和建议？

任务 1 家庭礼仪

» **知识目标：**了解家庭礼仪的基本要求和意义

» **能力目标：**掌握家庭礼仪并能熟练运用

» **情感目标：**增添生活乐趣，弘扬传统美德

» **学习重点：**家庭待客和做客

▶ 任务导入 ● ● ● ● ● ●

　　家庭是社会的基础细胞，是我们一切习惯的渊源。个体能否成功地进入社会、适应社会并为社会所接纳，在很大程度上取决于其是否接受家庭良好的礼仪教育。看平时、重养成，是家庭礼仪实施的应有之义。

▶ 任务实施 ● ● ● ● ● ●

一、对长辈的称谓

（一）父系长辈

家庭成员	称呼	自称
父亲的祖父、祖母	曾祖父、曾祖母（老爷爷、老奶奶）	曾孙、曾孙女
父亲的父、母	祖父、祖母（爷爷、奶奶）	孙、孙女
父亲的兄、嫂	伯父、伯母（大爷、大娘）	侄、侄女
父亲的弟、弟媳	叔父、叔母（叔叔、婶婶）	侄、侄女
父亲的姐、妹	姑母（姑姑、孃孃）	内侄、内侄女
父亲的姐夫、妹夫	姑父（姑夫）	内侄、内侄女

（二）母系长辈

家庭成员	称呼	自称
母亲的父、母	外祖父、外祖母（外公、外婆）	外孙、外孙女
母亲的兄、弟	舅父（舅舅）	甥、甥女
母亲的嫂、弟媳	舅母（妗）	甥、甥女
母亲的姐、妹	姨母（姨姨、孃孃）	姨侄、姨侄女
母亲的姐夫、妹夫	姨母（姨夫、姨爹）	姨侄、姨侄女

（三）夫系长辈

家庭成员	称呼	自称
丈夫的祖父、祖母	祖翁、祖姑（爷爷、奶奶）	孙媳妇
丈夫的父、母	父亲、母亲（公公、婆婆）	媳妇
丈夫的伯父、伯母	伯父、伯母（大爷、大娘）	侄媳妇
丈夫的叔父、叔母	叔父、叔母（叔叔、婶婶）	侄媳妇

（四）妻系长辈

家庭成员	称呼	自称
妻子的父、母	岳父、岳母（爸爸、妈妈）	婿、女婿
妻子的伯父、伯母	伯父、伯母	侄婿
妻子的叔父、叔母	叔父、叔母（叔叔、婶婶）	侄婿

二、对平辈的称谓

（一）夫系平辈

家庭成员	称呼	自称
丈夫的兄、嫂	哥哥、嫂嫂	弟妹
丈夫的姐、姐夫	姐姐、姐夫（姐丈）	内弟妹
丈夫的弟、弟媳	弟、弟妹	嫂
丈夫的妹、妹夫	妹妹、妹夫（妹丈）	嫂、内嫂
丈夫的伯、叔的儿子	堂兄或堂弟	弟妹或嫂
丈夫的伯、叔的女儿	堂姐或堂妹	弟妹或嫂
丈夫的姑舅姨的儿子	表兄或表弟	表弟妹或表嫂
丈夫的姑舅姨的女儿	表姐或表妹	表弟妹或表嫂
丈夫的姑舅姨的儿媳妇	表嫂或表弟妹	表弟妹或表嫂

（二）妻系平辈

家庭成员	称呼	自称
妻子的兄、弟	内兄、内弟（哥哥、弟弟）	妹夫、姐夫
妻子的姐、妹	姐姐、妹妹	妹夫、姐夫
妻子的姐夫、妹夫	襟兄、襟弟	襟弟、襟兄

三、家庭成员间的礼仪

（一）学生对家人讲礼貌不是假客气

有人觉得，对自己的家人或熟悉亲近的人，似乎没有讲礼仪的必要。这种观念当然是错误的。家人之间虽然存在特殊的亲情联系，但一样有讲礼貌的必要。这不是什么虚情假意，也不是什么"假客气"，而是我们最起码的礼貌，是正常的感恩，是健康的人性，是对家人真心诚意的尊重。

（二）尊老爱幼是一种传统美德

尊老爱幼是我们祖国的优秀传统，是一种高尚美德，每个学生都应该尊老爱幼。

（三）要学会孝敬父母

和颜悦色是我们对父母发自内心的尊重，孝敬父母的第一个礼仪从和颜悦色地对父母说话开始。学生对父母的孝敬还体现在善于说礼貌用语上。多说点温暖父母的知心话，要做到"四多两少"。

"四多"即多一点称谓、多一点敬语、多一点问候、多一点赞美。

"两少"即少一点要求、少一点争执。

（四）家庭成员间最基本的礼仪要求

（1）回家或外出一定要跟父母打招呼。

（2）尊重对方的意见和看法，听从父母、长辈的教导。

（3）长辈给予自己帮助后，要善于表达感谢。

（4）孝敬父母长辈，主动关心体贴父母，承担力所能及的家务劳动。

（5）不要随时向父母要零花钱，生活要朴实节俭。

（6）记住在父母、长辈生日和节日时发个短信或打个电话，送上温馨的祝福或者礼物。

（7）正确处理好兄弟姐妹之间的关系也很重要，有助于家庭氛围的融洽。

任务拓展

家庭文明礼仪歌谣

文明礼仪进万家，和谐幸福你我他。出门主动讲去向，征得同意走不迟。

临别不忘说再见，回家时间要告知。信守承诺及时归，迟归记住道原委。

进门不忘打招呼，长辈询问细回答。按时起床不拖拉，独立洗脸把牙刷。

自己穿衣叠被褥，不让父母多受累。个人卫生值得赞，房间整理不嫌烦。

书包簿本等用具，自己整理存放取。父母关怀知回报，生日首先我知道。

父母外出把家回，亲热接送我都会。父母工作真劳累，热情迎他把家归。

父母生病有烦恼，嘘寒问暖去安慰。说话诚实不撒谎，做了错事心有愧。

知错就改不固执，接受教育不顶嘴。能与父母勤沟通，耐心细致把话回。

父母错怪不记仇，主动解释不吵闹。学习时间专心学，大人血汗要珍惜。

电视节目真精彩，谦让长辈很可贵。家庭游戏添欢乐，不要赖皮能守规。

勤俭节约不乱买，父母血汗要珍惜。待人接物有礼貌，文明用语讲得好。

在外热心常助人，大家都夸有家教。不挑吃穿不偏食，美味大家共分享。

扫地抹桌收碗筷，力所能及争着干。礼貌待客当主人，问候端茶不忘陪。

四、家庭庆贺与赠礼

（一）家庭庆贺

1. 孩子出生庆贺

馈赠礼物可以是婴儿衣物、推车、小床或玩具等。也可以根据婴儿的生肖选购纪念章等。

2. 庆贺生日

向父母或长辈庆贺生日：一是以家宴聚会、备份礼品表示祝贺；二是如果在外读书，就打电话或发短信以示祝福。向亲友祝贺生日的方式较多，比如写生日贺信，寄送生日蛋糕、贺卡、礼物等。

常见的年寿代称语：

（1）孩提：未知发笑，尚在襁褓的幼儿。

（2）初度：小儿周岁，也泛指生日。

（3）垂髫：童年。因古时候小孩头发下垂，髫音"条"。

（4）外傅：10岁儿童。

（5）束发：15岁左右的青少年。

（6）及笄：15 岁左右的女子，笄音"基"。

（7）破瓜之年：16 岁女子。

（8）待字：成年待嫁女子，又称"待年"。

（9）弱冠：男子 20 岁。

（10）而立：30 岁。

（11）不惑：40 岁。

（12）知命：50 岁。

（13）花甲、耳顺：60 岁。

（14）古稀：70 岁。

（15）耄耋：80、90 岁的老人。耄音"冒"，耋音"迭"。

（16）期颐即百岁。

（17）男孩诞生日"弄璋"，女孩诞生日"弄瓦"。

（18）华诞代指生日，男女通用。

3. 庆贺结婚

（1）送礼金、床上用品、适用的小家电都可以。

（2）到了婚宴场所，客人要从容取出贺礼，送到新娘、伴娘处或收礼台。不管是礼金还是礼物都应写上新郎、新娘的名字和"新婚之喜"，下面书写"×× 敬贺"。

（3）进入宴席，要按照主人的引导就座，如果没有人引导，可以和熟悉的亲友坐在一起。新郎、新娘到各席敬酒致谢时，应起立举杯和新人碰杯，再道"恭喜"。

（4）参加婚礼应注意：着装要讲究，但也不要抢新郎、新娘的风头；话题要围绕婚礼；闹洞房不能过分取笑，把握尺度，适可而止；敬酒要大方，用词恰当。

（二）家庭赠礼

（1）给父母赠礼。如果还是学生，可以用自己节约下来的压岁钱或零花钱送贺卡、手套、围巾、鲜花之类的小礼物。如果已经工作并有固定收入了，特别是已经建立小家庭的子女，应经常给父母送些物品，不在于物品价格的高低，关键在于让父母感到儿女没有忘记他们。

（2）给长辈赠礼。无论贵贱，只要诚心，他们都会感到高兴。但要注意：一是要讲究实用性，如天冷给长辈送棉衣；二是要有针对性，如对有糖尿病的长辈不要送糖分高的食物。

（3）给兄弟姐妹赠礼。由于兄弟姐妹或平辈多属同龄人，彼此的喜好都比较了解，容易把握，因此按对方喜好互赠礼品能达到满意的效果。

五、家庭待客和做客

（一）待客中迎客的礼仪

（1）做好待客前的准备，提前打扫室内卫生，并备好茶具、烟具、饮料、水果、糖饼、咖啡等，不能穿睡衣，应穿上便衣，以示礼貌。

（2）客人来访，主人应热情相迎，如客人手持重物，要主动接提，进入室内后要把最佳的座位让给客人坐。

（3）客人入座后，如果是女士应敬上水果或饮料；如果是男士应马上敬烟、泡茶。其中，要遵守茶文化礼仪。

（4）客人来访时，正赶上自己在吃饭，就应邀请一道用餐。如果客人已经吃过，自己应放下碗筷陪客人，家人可继续用餐。如果客人表示让主人继续用餐，主人也应先将客人安顿好。

（5）客人来访，如遇自己有急事外出，一定要向客人讲明情况以表达歉意，并嘱咐家人招待好客人，即可离开。

（6）客人来访时，又有新的客人来访，应将客人相互介绍并一同招待，若有事需与一方单独交谈时，应向另一方说明。谈话时不要频繁地看表或三心二意，更不能有扫地、掸土等举动。

（二）待客中送客的礼仪

（1）当客人告辞，主人应真诚挽留或邀请下次再来。如客人一再说明告辞，应等客人起身后自己再站起来，并主动让家人取下衣帽，应将客人送到电梯口或楼道口，并叮嘱客人走好。如果客人回首招呼，主人应举手示意，频频点头，不要刚一握手就转身回房，更不能客人刚跨出房门就立即把门关上，这很失礼。

（2）迎客和送客都要做到热情、诚恳、周到和有礼节。

（三）做客前的准备

（1）先约定，利于对方提早安排。尽量避免占用对方的用餐及午休时间。

（2）不要不请自到，使主人毫无准备。但如已约定好了，就应按时到达。

（3）要有目的、有准备。

（四）做客时的礼节

（1）进房间的礼节：要先声后人，先敲门或按门铃。按后注意倾听屋内动静，等到有人应声开门迎接时才能进入，进门时，应将随身携带的雨伞或物品等按主人示意的地方放置，并主动换上拖鞋。

（2）见面的礼节：见面时要彬彬有礼，见到长辈和在场的所有人，都要一一点头招呼，主人示意坐下再入座。主人端来茶水，要用双手接过，并说声"谢谢"。主人送上的水果，最好让年长者和其他客人先取用。尽可能不抽或少抽烟，烟灰一定要抖在烟缸里。

（3）交流的礼节：交流时，要专心倾听对方的谈话，不能东张西望，时不时要点头或应答，谈话要简洁明了，把握好时间，如发现主人还有其他事要办或另有来访者，则要同新的来访者简单打招呼后再迅速告辞。

（4）告辞的礼节：向主人告辞，要彬彬有礼；若在场还有别的客人，则应慢慢走向主人告辞，并表示歉意。不要远远站着大声道别，如果已被其他客人看见，可以说声"再见"然后再离去。

总之，访友做客最基本的要求是：态度温和、用语文明、举止得体。

六、参加葬礼和祭扫礼仪

（一）参加葬礼的注意事项

（1）保持悲伤的情绪，不能毫无表情，更不能露出厌烦的神情甚至笑意。

（2）着深色服装，黑色的最好，切忌穿得大红大绿。

（3）与死者有亲属关系，衣袖上要戴上黑纱或白纱；与死者是朋友关系的，可在胸前戴上白花。

（4）不可昂首阔步，而应微微低头，缓步前行。

（5）讲话时声音要低沉，不可与参加葬礼的人交头接耳，甚至谈笑风生。

（6）葬礼要参加到最后，对死者的家属可进行劝慰，用语一定要适宜。

（二）葬礼致意的礼数

（1）接到"讣告"的亲友熟人，可以写唁函、发唁电给死者的家属，以示哀悼。

（2）给葬礼送花，可在葬礼举行前，通过葬礼承办人或花店办理。如"讣告"上写明"敬辞鲜花"，则应当遵从，不必送花。送花时，应附上写有悼唁字句或"献给×××"字样的飘带，并附有赠花者的姓名，要注意外国习惯不用纸花。

（3）可以写挽联、诗或文章以纪念死者。

（4）很亲近的亲友可以登门吊唁，并帮助家属治丧。但如死者的亲人不愿接见亲友，则应当不登门致哀。

（三）参加祭扫的礼仪

（1）馨香三炷，鞠躬悼念。对墓前祭奠，过去凡晚辈都要行跪拜大礼，现在是要90度三鞠躬就行了。

（2）整修陵墓。一般是给坟墓培土，并整修墓道，有的还可植树以作纪念。

（3）祭扫先人墓的仪式。肃立默哀，众亲友于原地就位。主祭者就位，众亲友于原地就位。主祭者到墓前敬献花果，主祭者行一鞠躬礼。有条件的，还可读祭文。主祭者率众人向先人墓行哀祭礼，一鞠躬，再鞠躬，三鞠躬。

（四）网上祭奠

随着人们思想的不断转变、网络技术的不断完善发展，网上这种全新的祭奠形式逐渐被接受认可，以网上献花、留言、点歌等形式寄托自己的哀思无疑是一种更方便环保的祭奠形式。

（五）网上祭奠意义

（1）传承文明。

（2）促进和谐。

（3）激励后代。

能力拓展

一、知识能力检测

（一）单项选择

（1）家里来了父母的客人，自己并不认识，（ ）。

A. 应该帮父母做好接待，再适时告退

B. 可以不用出面，关在自己房里不打扰大人谈话就好了

（2）家里有父母的客人在做客时，自己的同学到来，（ ）。

A. 礼貌地将同学介绍给父母及客人，然后进入自己的房间，轻声交谈

B. 立即热情接待，请父母及客人回避

（3）客人离去，主人送客应（　）。

A.根据主客关系，决定送出门、送下楼或送上车并目送远离

B.不管是何人，主人只需伸头道声再见即可

（4）弱冠之年是指男子（　）。

A.16 岁　B.18 岁　C.20 岁　D.22 岁

（5）"及笄"是指（　）左右的女子。

A.10 岁　B.15 岁　C.16 岁　D.18 岁

（二）思考

家庭生活中，有时难免发生一些矛盾，而这些矛盾有的是因为自己的过错，有的却是因为父母的过错。遇到这样的情况，你认为应该如何去得体地处理、化解这些矛盾呢？怎样规劝自己的父母？请举例说明。

二、实践训练

（1）你知道母亲节、父亲节分别是哪一天吗？请为父母敬献一份节日礼物。

（2）假定一次自家请客，设计一份"来客接待方案"。

来客接待方案

请客事由：　　　　　时　　间：　　　　　地　　点：

步　骤	具体工作	人　员	备　注
迎客准备			
迎客			
招待			
送客			

> 知识目标：了解社区居民道德规范和邻里关系的礼仪要点
> 能力目标：掌握邻里礼仪，避免社区个人陋习
> 情感目标：形成邻里和睦相处的意识，建立和谐社区
> 学习重点：社区居民守则，邻里之间的注意事项

▶ 任务导入 ● ● ● ● ● ●

　　常言道，远亲不如近邻。邻居相处一般时间较长，所以必须做到和睦共处。由于邻里靠近，免不了你来他往，这就需要以礼相待，以礼相交，相互关照，相互谦让，和善相处。

▶ 任务实施 ● ● ● ● ● ●

一、社区居民道德规范

（一）基本道德规范

爱国守法，明礼诚信，团结友善，勤俭自强，敬业奉献。

（二）树立"八荣八耻"社会主义荣辱观

以热爱祖国为荣，以危害祖国为耻；以服务人民为荣，以背离人民为耻；以崇尚科学为荣，以愚昧无知为耻；以辛勤劳动为荣，以好逸恶劳为耻；以团结互助为荣，以损人利己为耻；以诚实守信为荣，以见利忘义为耻；以遵纪守法为荣，以违法乱纪为耻；以艰苦奋斗为荣，以骄奢淫逸为耻。

（三）公民道德

社会公德：文明礼貌，助人为乐，爱护公物，保护环境，遵纪守法。

职业道德：爱岗敬业，诚实守信，办事公道，服务群众，奉献社会。

家庭美德：尊老爱幼，男女平等，夫妻和睦，勤俭持家，邻里团结。

二、社区居民守则

（一）社区精神

和谐包容，智慧诚信，务实创新。

（二）文明守则

（1）热爱祖国，热爱安顺，不失国格人格，不做不文明的事。

（2）文明礼貌，助人为乐，不说脏话，不损人利己。

（3）讲究卫生，仪表端庄，不随地吐痰，不乱扔污物。

（4）团结友爱，敬老爱幼，不打架斗殴，不闹邻里纠纷。

（5）爱护公物，保护环境，不损坏公共设施，不践踏花木。

（6）遵纪守法，维护公共秩序，不起哄闹事，不酗酒赌博。

（7）弘扬正气，见义勇为，不放纵坏人，不助长歪风邪气。

（8）破除陋习，不看淫秽书刊录像，不奢办红白喜事。

三、新型邻里关系的特征

（1）由被动安排变为主动选择。

（2）由动态积极变为静态消极。

（3）由直接接触变为间接联系。

（4）由背景简单变为背景复杂。

（5）由宣扬共性变为张扬个性。

（6）由靠社会公德维系变为靠法律、制度维系。

（7）由情感波动变为利益损益。

四、邻里关系礼仪要点

（1）互相帮助，别人有困难主动帮助，别人遇到危险、灾难，要勇于救助。

（2）有喜事，要热情祝贺。

（3）不要说东家长、道西家短。

（4）邻里之间不分彼此，主动打扫卫生。

（5）遇上公益之事应抢在前面主动服务。

（6）发生了摩擦要及时友善解决，少指责多调查，这样相处才能和谐。

五、邻里之间的注意事项

（1）不打扰左邻右舍。

（2）要礼貌相待，互相体谅帮助。

（3）要教育好自己的孩子，与大家和睦相处。

（4）忌以邻为壑。

任务拓展

　　小明进入高考的最后冲刺，每天晚上在家都认真复习，租住在隔壁的几个年轻人每晚都会传出一阵阵愉快的、毫无顾忌的高谈阔论声，扰得小明精力难以集中，苦不堪言。一天晚上，小明去隔壁，告诉年轻人，因为自己在复习准备高考，请他们在交谈时适当降低音量。年轻人听到很不好意思地道歉并马上改为小声交流了。以后的日子，小明就一直在安静的环境下进行复习了。邻里团结、互谅互让是一件很简单却能让人很愉快的事。

（5）避免陋习。

陋习一： 随地吐痰，鼻涕、咳嗽、喷嚏不掩饰，不避人。

陋习二： 乱扔果皮、纸屑等废弃污物，乱倒垃圾。

陋习三： 在院落，楼道乱摆乱放、乱搭乱建，车辆乱停乱放，挤占公共空间。

陋习四： 乱贴乱挂，乱涂乱画，随意张贴。

陋习五： 在阳台外面晾晒衣物，晾拖把。

陋习六： 生活垃圾不及时处理，堆放邻居门前，乱摆乱放挤占通道。

陋习七： 宠物扰民，不按规定圈养宠物，让宠物随地大小便又不及时清扫，甚至咬伤邻居。

陋习八： 噪声扰民，深更半夜打麻将，放大音响唱歌，在别人休息时间装修房间等。

陋习九： 小题大做，得理不饶人；小事争吵不休，甚至动手打架。

陋习十： 各自打扫门前雪，莫管他人瓦上霜；见贫不扶，见困不济，见难不救，无视公益事业。

陋习十一： 沿街打麻将、打扑克牌。

陋习十二： 在桥旁、街角、树荫下随地大小便。

陋习十三： 违章搭建，占道经营。

陋习十四： 公共场所大声喧哗，嬉闹；在公共区域吸烟。

陋习十五： 公共场所赤膊露膀，躺卧。

一、知识能力检测

（一）单项选择

（1）为了能保持自家的清洁，（ ）。

A.垃圾可以随手往外扔

B.要保持自家的清洁，也要保持环境卫生，垃圾要在规定的地方存放

（2）在阳台浇花或晾晒衣物，（ ）。

A.要注意楼下是否有人或物，不要给邻居造成损失

B.我居高临下，其他一概不管

（3）邻里有失礼之处：（ ）。

A.非不得已不要出面干涉，提醒时语气和蔼，勿伤和气

B.你不仁我也不义，一定要以牙还牙

（4）遇上公益之事，（ ）。

A.抢在前面，主动参与服务

B.各人自扫门前雪，管好自己的事就可以了

（5）以下哪项是社区陋习：（ ）。

A.在阳台外面晾晒衣物，晾拖把

B.如果家里有事会影响邻居，要事先打个招呼，请求谅解

（6）邻里之间的注意事项是：（ ）。

A.家里孩子太小，在家里随便乱跑发出响声没关系

B.不打扰左邻右舍

二、情景再现

某天，小张开车回乡下老家带了许多土特产回家，为了方便提重物，小张进入地下停车库并没有将车子停到自家车位，而是直接将车子停在离电梯口最近的车行通道。时值下午上班时间，致使停车库车辆通行阻塞不便，影响小区居民上学上班，引来居民阵阵骂声。但小张却很有理，并没有认识到自己在地下停车库乱停乱放有什么不妥，觉得只是停一小会儿，对大家没什么打扰和不便。

案例分析：小张在车行通道占道停车，是否恰当？为什么？

_____

_____

_____

_____

三、实践训练

（1）观看一部道德建设先进人物事迹的短片。

（2）组织一次主题活动，每人结合主题讲述一个发生在身边的体现民族传统美德、优秀革命道德与时代精神的典型事例，并点评一下，现场互动，由大家评议身边好人故事，讲述心中感受，品悟道德力量，升华自身境界。

项目五

社交礼仪

开篇案例导读

宴请菜品，传情达意

　　1993 年，对于解决海峡两岸关系有着深远意义的汪辜会谈，被称为"戴着白手套的握手"。汪道涵、辜振甫两人富有中国传统文化特色的举止和礼仪在这次会谈中令人难忘。

　　两人虽代表两方的立场，会谈时却没有"硝烟四起"，他们的谈话倒像两个情趣相投的普通老头，一起喝茶，一起看京剧。会谈过后，汪老宴请辜老。晚宴的 9 道菜，汪道涵巧用菜名嵌入对台湾同胞的骨肉情：乳猪与鳝片取名"情同手足"，乳酪龙虾取名"龙族一脉"，琵琶雪蛤膏取名"琵琶琴瑟"，董园鲍翅叫"喜庆团圆"，木瓜素菜叫"万寿无疆"，三种海鲜叫"三元及第"，官燕炖双皮奶叫"燕语华堂"，荷叶饭叫"兄弟之谊"，水果拼盘叫"前程似锦"，9 道菜名连在一起就是：你我"情同手足"，同是"龙族一脉"，今夕"燕语华堂""琵琶琴瑟"和鸣，谱一曲"喜庆团圆"，祝大家身体健康"万寿无疆"，海峡两岸的"兄弟之谊"能"前程似锦""三元及第"。汪老的智慧与心意令全场叹服。

情景导入

在社会交往中，宴请历来是人们团聚畅叙、增进友谊、联络感情的一种社交活动。巧妙地将无限浓浓深情嵌入菜品，不仅使宴席平添许多味道，更能使与会者沟通情感，传送美意，增进友谊。

课堂互动

分组讨论：

汪老宴请辜老的晚宴中，有哪些巧妙之处？你从中得到哪些启示？

任务 1　见面礼仪

》 **知识目标：** 了解见面礼仪的基本要求和意义
》 **能力目标：** 掌握见面礼仪的礼节，并能熟练运用
》 **情感目标：** 养成文明礼貌好习惯，促进人际关系的和谐
》 **学习重点：** 握手礼和鞠躬礼的动作要点

▶ 任务导入 ● ● ● ● ● ●

　　见面礼仪是日常社交礼仪中最常用与最基础的礼仪，人与人之间的交往都要用到见面礼仪，特别是从事服务行业的人，掌握一些见面礼仪，能给客户留下良好的第一印象，为以后顺利开展工作打下基础。

▶ 任务实施 ● ● ● ● ● ●

一、握手礼

（一）握手的动作

　　（1）握手时，距对方75厘米左右，上身稍向前倾，两足立正，伸出右手，四指并拢，虎口相交，拇指张开下滑，向受礼者握手。女士握手时，可只捏住对方的几个手指，以表示女性的矜持与稳重。

　　（2）掌心向下握住对方的手，显示着一个人强烈的支配欲，无声地告诉别人，他此时处于高人一等的地位，应尽量避免这种傲慢无礼的握手方式。相反，掌心向里同他人的握手方式显示出谦卑与毕恭毕敬，如果伸出双手去捧接，则更是谦恭备至了。

　　（3）平等而自然的握手姿态是两手的手掌都处于垂直状态，这是一种最普通也最稳妥的握手方式。

（二）握手力度和时间

（1）握手的力度要掌握好，握得太轻了，对方会觉得你在敷衍他；太重了，人家不但没感到你的热情，反而会觉得你比较粗野。

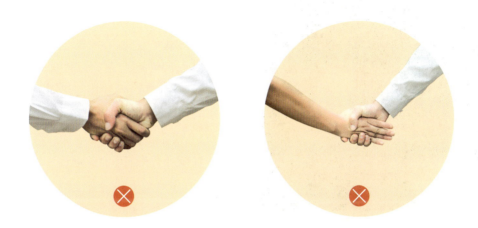

（2）女士尤其不要把手软绵绵地递过去，显得懒得握的样子，既然要握手，就应大大方方地握。

（3）除了关系亲近的人可以长久地把手握在一起外，一般握两三下就行，一般时间控制在 3 秒左右。

（三）握手的顺序

（1）讲究尊者即社会地位高者先伸手：下级和上级在一起，上级先伸手；晚辈和长辈在一起，长辈先伸手；男士和女士在一起，女士先伸手。

（2）主人和客人在一起，伸手的先后次序有差异：客人到达的时候，主人先伸手，表示对客人的欢迎；客人走的时候是客人先伸手，表示告辞，如果这时主人先伸手，就有逐客之意。

（四）握手注意事项

（1）握手时双目应注视对方，微笑致意或问好。

（2）多人同时握手时应顺序进行，切忌交叉握手。

（3）不要用左手，即使你是左撇子，也要用右手。

（4）握手前应先脱下手套，摘下帽子和太阳镜，特殊情况除外。

（5）握手时不要一句话不说，也不可长篇大论、点头哈腰、过分客套。

（6）在任何情况下拒绝对方主动要求握手的举动都是无礼的。但手上有水或不干净时，应谢绝握手，同时必须解释并致歉。

二、致意礼

（一）致意礼的方式

（1）举手致意：全身直立，面带微笑，目视对方，略略点头。手臂轻缓地由下而上，向侧上方伸出，手臂可全部伸直，也可稍有弯曲。掌心向外朝向对方，指尖指向上方，轻轻摆一下手即可，不要反复摇动。举手致意，适用于向较远距离的熟人打招呼。

（2）挥手道别：身体站直，不要摇晃和走动。目视对方，不要东张西望，眼看别处。可用右手，也可双手并用，不要只用左手挥动。手臂尽力向上前伸，不要伸得太低或过分弯曲。掌心向外，指尖朝上，手臂向左右挥动。用双手道别，两手同时由外侧向内侧挥动，不要上下摇动或举而不动。

（3）点头致意：点头致意的方法是头微微向下一动，幅度不大。点头致意，适于不宜交谈的场所，如在会议、会谈进行中，与相识者在同一场合见面或与仅有一面之交者在社交场合重逢，都可以点头为礼。

（4）欠身致意：欠身致意，即全身或身体的上部微微向前一躬。这种致意方式表示对他人的恭敬，其适用的范围较广，多使用于在被他人介绍，或是主人向客人奉茶时。

（5）脱帽致意：微微欠身，用距对方稍远的一只手脱帽子，将其置于大约与肩平行的位置，同时与对方交换目光。与朋友、熟人见面时，若戴着有檐的帽子，则以脱帽致意最为适宜。

（二）致意礼的注意事项

（1）致意讲究先后顺序。位低者先向位高者致意，具体表现为：年轻者先向年长者致意；学生先向老师致意；男士先向女士致意等。

（2）向他人致意时，往往点头与微笑并用，起立与欠身并用。

（3）致意应大方、文雅。

（4）受礼者要注意回敬致意，礼尚往来。

三、鞠躬礼

（一）鞠躬礼的动作要点

（1）行礼之前应当先脱帽，身体肃立，目视受礼者。

（2）男士双手自然下垂，贴放于身体两侧裤线处；女士双手下垂，搭放于腹前。

（3）身体上部向前下弯，以腰部为轴，整个肩部向前倾约15度、30度、45度、90度（具体视行礼者对受礼者的尊敬程度而定）。

（二）鞠躬礼的注意事项

（1）内外有别。自古以来，中国就有鞠躬礼的存在，多用于需要表达敬谢之意或道歉之意，而在国外却主要用于见面或告别之际。

（2）对象特定。在国外，鞠躬礼主要通行于日本、韩国、朝鲜诸国。在欧美各国以及非洲国家，它并不流行。

（3）中规中矩，目不斜视。

（4）区别对待。施鞠躬礼时，外国人一般只会欠身一次，但对其具体幅度却十分在意。在正规场合，欠身的幅度越大，表示自己对交往对象越尊敬，不过欠身的最大幅度不宜超过90度。

四、拥抱礼

（一）拥抱礼的动作要点

两人相距20厘米相对而立，各自抬起右臂。右手扶着对方左后肩，左手扶着对方的右后腰，双方的头部及上身向左前方相互拥抱。这是礼节性的拥抱。如果为了表达更为亲密的感情，在向左侧拥抱后，接着头部及上身向右前方拥抱，最后再次向左前方拥抱，才算礼毕。

（二）拥抱礼的注意事项

职业礼仪的拥抱，双方身体不宜贴得太紧，拥抱时间也较短。不能用嘴去亲对方的面颊。西方人在商务往来中一般不使用拥抱礼。

能力拓展

一、知识能力检测

（一）填空

（1）常见的见面礼节有（　　），（　　），（　　），（　　）。

（2）致意的方式有（　　），（　　），（　　），（　　），（　　）。

（3）握手的时间，一般控制在（　　）左右。

（二）思考

（1）握手的正确方式是什么？

（2）握手时，应当由哪一方首先伸出手？

二、情景再现

欧洲某国家领导人到某国出访时，碰到对方的元首伸出戴着手套的手要与他握手，这时拒绝不好，不拒绝又为难，于是还是握了，但握完之后心里实在不痛快，想不通，于是他顺手掏出衣袋里的西装手帕，擦了擦刚握过的手，然后当着对方的面把手帕扔进了旁边的废纸篓里。

案例分析：请问两位领导人的握手方式有何不妥之处？他们应该如何正确使用握手礼？

_____

_____

_____

_____

三、实践训练

分组相互配合，练习各种见面礼仪。每组练习 10 次，每天练习 1～2 组。

任务2 电话礼仪

▶ **知识目标：** 掌握电话沟通的礼仪和技巧

▶ **能力目标：** 提高语言应答能力，提高自身素养

▶ **情感目标：** 感悟电话礼仪的愉悦

▶ **学习重点：** 打电话的规范用语

▶ **任务导入** ● ● ● ● ● ●

电话交谈与面对面交谈相比，其最大特点是互相不能见面，人们只能通过声音了解谈话内容、意图等，由声音去推测、猜想说话人的情绪、表情、心境。如果缺乏使用电话的常识与素养，不懂得打电话和接电话的礼仪规范要求，往往就会影响工作任务的完成，甚至会使本单位的良好形象受到损害。

▶ **任务实施** ● ● ● ● ● ●

一、打电话的礼仪

（1）选择适当的时间，以不要打扰对方为原则。一般应在早上8点以后，周末或节假日在9点以后，晚上应在22点之前打电话。

（2）注意适可而止，电话交谈在3~5分钟为宜。

（3）查清电话号码再正确拨号，如弄错则应向接电话者表示歉意。

（4）电话交谈中，礼貌的发话方式应该是接话一方先自报家门，如"您好！××单位"，然后打电话的人回应："您好，我是×××，请找×××听电话，好吗？"

（5）由接电话一方先发话，礼貌用语简洁明了，体现出对别人的尊敬。

（6）打电话的一方应该先结束话题，通话结束时要用礼貌用语。

二、接电话的礼仪

（1）听到电话铃声应立即接听电话，最好在铃声响 2 ～ 3 声时，拿起话筒。

（2）接电话时，应中断其他任何交谈。注意语调的表情功能，可有适度的笑声。

（3）应控制音量，音量过小对方可能听不清，音量过大又可能听起来刺耳生硬。接电话应先问好，如"您好"，再自报自己的单位。

（4）认真、正确记录来电话者所传达的事项。

三、打错电话

（1）接到打错的电话，不要不耐烦，甚至责怪对方，这是一种很不礼貌的行为。我们可以这样说："对不起，这是 ×× 单位，您打错了吧？"

（2）打电话的人明白自己打错了也不能立即挂断电话，正确的做法应是礼貌地说："对不起，我打错了，再见。"

四、代人接电话

（1）接到传呼他人的电话，不要冒昧追问对方的身份和工作单位，除非别人主动说。

（2）如被传的人不在，就礼貌地说："不好意思，对方不在，能否迟点再打过来？"，或者"有什么要紧的事吗？方便我给你传达吗？"这时将自己的姓名和与被传呼人的关系通报给对方，如果对方回答："没关系，我另找时间再联系他。"接电话的人也就不要追问了，礼貌地挂断电话即可。

五、移动电话

（1）遵守公德，勿碍他人。

（2）在教学场所、医院、电梯、餐厅等公共场所内应注意接打电话时的音量，并尽快结束通话。

（3）尊重对方。如果在交谈中电话铃声突然响起，应礼貌地说声"对不起"，走到无人处接电话，不可面对他人接电话。

（4）确保安全。不要在驾车时以及在加油站附近、医院检验室、飞机上等地方使用手机。

任务拓展

"开会了，开会了！"大家都来到了会议室。总经理召集各部门经理开会，布置下一个季度的营销任务。老总刚清了清嗓子准备说话，一阵刺耳的电话铃声响了起来，李经理忙不迭地站起来跑出去接电话。老总脸上显出了愠色。会议继续进行，可是不是这里在低头小声接电话，就是那里突然一声铃响。老总突然一拍桌子，把大家吓得一哆嗦。"把手机关了，我不相信关一会儿手机会死人！"

六、挂电话有顺序

不论谁打的电话，应让尊者即地位高者先挂电话。即做到：

（1）下级和上级通电话，让上级先挂。

（2）晚辈和长辈通电话，让长辈先挂。

（3）男士和女士通电话，让女士先挂。

（4）本单位与客户单位通电话，让客户单位先挂。

能力拓展

一、知识能力检测

（一）填空

（1）打电话选择适当的时间，一般应在早上（　　）点以后，周末或节假日在（　　）点以后，晚上应在（　　）点之前。

（2）打电话要注意适可而止，电话交谈在（　　）分钟为宜。

（3）挂电话有顺序，应让（　　）先挂电话。

（二）思考

（1）拨打电话和接听电话应注意的礼仪有哪些？

（2）移动电话的使用应该注意哪些安全问题？

二、情景再现

（1）张小姐坐出租车，中间有人给司机打电话。只见司机一手握着方向盘，一手拿着电话，显得非常熟练和满不在乎。张小姐在司机打电话时一直提心吊胆，唯恐警察看见，耽误时间，更怕司机没看见行人或车辆，发生什么事故。

（2）邱女士在北京音乐厅听一场由著名大师指挥的交响乐。音乐演奏到高潮处，全场鸦雀无声，凝神谛听，突然有手机铃声响起，在宁静的大厅中显得格外刺耳。演奏者、观众的情绪都被打断。大家纷纷回头用眼神责备这位不知礼者。

（3）小丽接到一个电话说："帮我叫一下小飞。"小丽听出是局长的声音，她赶紧把小飞叫来，自己就在不远处竖起耳朵听电话，她听到小飞说："好，我马上

去您办公室。"小飞匆匆走了。小丽立即跑到张大姐那里说："张大姐，局长叫小飞去一趟，一定是他那天喝醉酒打人的事被局长知道了，这还不得严厉处分，弄不好要开除呢！"过了几天，单位里都在传小飞喝醉酒打人被局长狠狠批评了。

案例分析：请问这些和电话有关的行为恰当吗？为什么？

_____

_____

_____

三、实践训练

模拟设计一次给上级打电话的过程，并设计一份通话内容方案。

通话内容方案

通话人姓名		电话号码		单位	
问候语（所需时间： ）					
寒暄语（所需时间： ）					
主要内容（所需时间： ）					
结束语（所需时间： ）					

称呼与交谈礼仪

▶ **知识目标：**掌握称呼礼仪和交谈礼仪的基本要义

▶ **能力目标：**理解交谈时的语言技巧并灵活运用

▶ **情感目标：**构筑和谐关系，创造良好氛围

▶ **学习重点：**谈话过程中表达的技巧

▶ 任务导入 ● ● ● ● ● ●

在日常生活中，人们最直接、最广泛使用的语言交往方式是口头言语，即说话或交谈。虽然说话并不难，但要把话说得恰到好处，使对方能愉快地接受，对交往产生积极的影响，却需要说话技巧。

▶ 任务实施 ● ● ● ● ● ●

一、称呼

（1）凡学校教职员工，均可以"老师"相称，切不能以"喂，××老师"呼叫。

（2）同学之间应直呼姓名，也可叫一些比较高雅、动听的小名。但切忌以同学的生理缺陷为特点或以嘲笑、逗乐为目的为其取绰号。

（3）"同志"一词过去在我国使用最广泛、最普遍，不论是何种职业、年龄、地位的人，均可称为"同志"，既亲切又礼貌。"同志"前可冠以姓名，如"李强同志"，也可只冠以姓或名，如"王同志""小平同志"。

（4）"师傅"使用较为普遍，"师傅"是对具有某一技艺或某一技术的人的尊称。

（5）知识界人士，可在其职称前冠以姓氏，如"王大夫""李教授"等。对于老前辈、老师长或德高望重的其他老年人，还可以在姓氏后面加一"老"字相称，以表敬重之意，如"郭老""徐老"等。

（6）对文艺界、教育界人士，以"老师"相称较为恰当，在其姓氏后加上"老师"即可，如"周老师""刘老师"等。

（7）在一般工作场合，在职务或职业前加姓氏为好，如"张经理""李厂长""王主任"等。

（8）一般同事之间，可直呼姓名，也可根据年龄大小，在姓氏前面加"老"或"小"，如"老王""小李"等。

（9）对港、澳、台同胞，男的可称"先生"，未婚女子称"小姐"，已婚女子称"夫人"或"太太"，对年纪较轻的已婚女子也可称"小姐"。

二、交谈礼仪

（一）语言交往技巧

（1）说话应看对象，看场合。在日常生活中，不同的场合、不同类型的人交谈时所使用的语气、语调、语言是明显不同的。对上级、长辈和老师说话时，应该用尊敬的语气、高雅的语言；与朋友、同事交谈时，应该用随和的语气、通俗的语言；与情人、恋人、家人交谈时，应该用亲切的语气、甜蜜的语言；医生与病人交谈时，要用同情、关心的语气以及通俗易懂的语言。

任务拓展

四川歇后语

下雨天出太阳——假晴（情）	厕所头打架——往死里整
刀切豆腐——两面光	肩膀扛灶——捞火
菠菜煮豆腐——一（青）二白	蚂蚁夹牙儿——扯皮
老鼠别手枪——打猫儿心肠	拖拉机下河坎——一般拉沙
一坛子萝卜——抓不到姜（缰）	大肚皮过独木桥——铤而走险
龙灯的脑壳——随你耍	火葬场开后门——专整熟人
麻子跳伞——天花乱坠	黄泥巴进裤裆——不是死也是死
猪鼻子插葱——装象	耗子啃菜刀——死路一条
水仙不开花——装蒜	小娃儿穿西装——大套
老太太上鸡窝——奔（笨）蛋	十字路口迷了路——不识东西
秃爪子上鸡窝——不捡蛋（简单）	蚊子放屁——小气
驼子淋雨——背时（湿）	矮子过河——淹（安）了心

（2）先了解对方的心态再说话。说话时最好先了解对方的心态，说对方希望听的话，让对方觉得与你不谋而合，这样不仅容易被人接受，而且可以很快缩短彼此间的心理距离。最怕的就是不了解对方的心态，说了对方不愿意听的话，这样会引起对方的反感。

（3）求同存异，多说"是"或"对"。不当面挖苦人，不当众揭别人的短，不当众批评别人。先肯定、接受对方的意见，这样才能使对方也接受你的意见，也可以避免正面冲突。

（二）交谈注意事项

（1）交谈要专注，表情要自然，语言要亲切。

（2）选择合适的话题。不要涉及他人隐私，一般不要询问妇女的年龄、婚否，不径直询问对方履历、工资收入、家庭财产、服饰价格等私人生活方面的问题。避免谈论别人的过失、残疾、生理缺陷、隐痛等。不要谈论一些不宜在友好交谈中出现的话题，如战争、疾病、死亡、黄色故事等。也不要选择高深话题，话题应尽量符合双方的年龄、职业、性格、心理特点。

任务拓展

　　某局新任局长宴请退居二线的老局长。席间端上一盘油炸田鸡，老局长用筷子点点说："喂，老弟，青蛙是益虫，不能吃。"新局长不假思索，脱口而出："不要紧，都是些老田鸡，已退居二线，不当事了。"老局长听闻此言顿时脸色大变，连问："你说什么？你刚才说什么？"新局长本想开个玩笑，不料说漏了嘴，触犯了老局长的自尊，顿觉尴尬万分。席上的友好气氛尽被破坏，幸亏秘书反应快，连忙接着说："老局长，他说您已退居二线，吃田鸡不当什么事。"气氛才有点缓和。

（3）不议论他人，不传播小道消息。不要把朋友的心事当闲话传播和谈论。在公共场合和他人交头接耳，窃窃私语也非常不合适。

（三）使用礼貌用语

1. 问候用语

（1）早中晚见面，分别使用"早上好""中午好""晚上好"或"早安""午安""晚安"。

（2）其他时候见了面，视情况分别使用"您好"或"你好"。

（3）陌生人初次见面，使用"您好，认识您很高兴！"或"您好，见到您很高兴！"

（4）问候对方时，表情应自然、亲切、热情，脸上应带有温和的微笑。

（5）对于对方的问候，不可以毫无反应，一定要礼貌地作答，回答一般是对等的。

（6）见到所有认识的人都应问候，那种擦肩而过、视而不见的行为是不礼貌的。

2. 感谢用语

（1）无论什么人，只要替你做了事、帮了忙，你就应说"谢谢"。

（2）别人送你东西时，在感谢时最好说明理由。

（3）当别人赞扬你的工作、作品或其他时，可简单说"谢谢"，也可说"承蒙您，多谢"，或"谢谢您，我很高兴您喜欢我画的画"等。

3. 答谢语

（1）替别人做事，别人感谢时，可以说"小事情一桩，不值一谢"，或"能为你帮忙是件高兴的事"，或"不必客气，这是我应该做的"，也可简单说声"不客气，不用谢"。

（2）送别人礼物，别人感谢时，可以说"不用谢，我很高兴你喜欢这件礼物"或"我很高兴这件礼物合你心意"。

4. 道歉用语

常用"对不起，请原谅""真是失礼了，非常抱歉""对不起，打断一下""真是过意不去"等。

任务拓展

标准的问候用语：

（1）十字文明用语：您好！ 请！ 谢谢！ 对不起！ 再见！

（2）标准问候用语：您好！ 各位好！

（3）标准欢迎用语：欢迎光临！ 见到您很高兴！

（4）标准送别用语：再见！ 慢走！ 欢迎再来！

（5）标准请托用语：请稍候！ 请让一下！

（6）求助式请托用语：劳驾！ 拜托！ 打扰！ 请关照！

（7）标准道歉用语：对不起！ 请原谅！ 失礼了！ 真过意不去！

（8）谅解式应答用语：不要紧！ 没关系！ 我不会介意！

（9）祝贺用语：祝你成功！ 祝你走运！ 一帆风顺！ 心想事成！

（10）节庆式祝贺用语：节日愉快！ 新年好！

能力拓展

一、知识能力检测

（一）填空

（1）对知识界人士，称呼时可在其（　　）前冠以姓氏。

（2）对文艺界、教育界人士，以（　　）相称较为恰当。

（3）交谈要（　　），表情要（　　），语言要（　　）。

（4）交谈时不要涉及（　　），避免触及对方的"敏感区"。

（二）思考

十字文明用语的具体内容是什么？

二、情景再现

有一位先生为一位外国朋友订做生日蛋糕。他来到一家酒店的餐厅，对服务员说："小姐，您好，我要为我的一位外国朋友订一个生日蛋糕，同时附一张贺卡，您看可以吗？"服务员接过订单一看，忙说："对不起，请问先生，您的朋友是小姐还是太太？"这位先生也不清楚这位外国朋友结婚没有，从来没有打听过，他为难地抓了抓后脑勺想想说："小姐？太太？一大把岁数了，太太。"生日蛋糕做好后，服务员按地址到酒店客房送生日蛋糕，敲门后，一女子开门，服务员有礼貌地说："请问，您是怀特太太吗？"女子愣了愣，不高兴地说："错了！"服务员丈二和尚摸不着头脑，抬头看看门牌号，仔细确认后再一次敲门，说："没错，怀特太太，这是您的蛋糕。"那女子大声说："告诉你错了，这里只有怀特小姐，没有怀特太太。"啪一声，门被大力关上了。

案例分析：这个友好的生日蛋糕为什么会被拒绝？

_____

_____

_____

三、实践训练

两个人为一组，模拟陌生人交谈的各种场景，看看不同情况下见面应该怎样打招呼。

 任务4　介绍礼仪

▷ **知识目标：** 掌握介绍的基本要义

▷ **能力目标：** 熟练介绍自己和他人

▷ **情感目标：** 和谐人际关系，增进良好合作

▷ **学习重点：** 介绍时的顺序和需注意的细节

▶ **任务导入** ● ● ● ● ● ● ●

　　在人际交往活动中，经常需要架起人际关系的桥梁，介绍是人与人相互沟通的出发点。介绍就是向外人说明情况，良好的合作可能就从这一刻开始。

▶ **任务实施** ● ● ● ● ● ● ●

一、自我介绍

　　在日常生活中，与人建立友谊主要靠相互介绍或自我介绍。想和某人结识，又没有合适的介绍人，就可以做自我介绍。对一些自己不认识的长者或领导同志，要主动站起来，先自我介绍，让对方了解自己。

（一）自我介绍的具体形式

　　（1）应酬式：适用于公共场合和一般社交场合，这种自我介绍最简洁，往往只包括姓名："你好，我叫×××。"

　　（2）工作式：适用于工作场合，包括本人姓名、供职单位及其部门、职务或从事的具体工作等："你好，我叫×××，是北京某文化公司总经理。"

　　（3）交流式：适用于社交活动中，希望和交往对象进一步交流与沟通。内容应包括介绍者的姓名、工作、籍贯、学历、兴趣及与交往对象的某些熟人的关系："你好，我叫×××，我在未来之舟礼仪培训机构工作，我是×××的同事，还都是老乡。"

　　（4）礼仪式：适用于讲座、报告、演出、庆典、仪式等正规而隆重的场合。包括姓名、单位、职务等，同时还应加入一些适当的谦辞、敬辞，比如："各位来宾，大家好！我叫×××，我是未来之星的培训师。我代表本公司热烈欢迎大家光临我们的座谈会，希望大家……"

（二）自我介绍的注意细节

（1）自我介绍时，态度要谦虚，不能自我吹捧。初次见面过分地表现自己容易引起对方的反感。

（2）一连介绍几个朋友相识，应把他们邀在一起，简单扼要地介绍他们相互认识，不要拉着某一个人做点名式巡回，使对方尴尬。自己很想认识某一个人又不便直接做自我介绍时，可以找一个既认识自己又认识对方的人做介绍。想结交一个素不相识的异性朋友时，不要冒昧地直接自我介绍。介绍姓名时口齿要清楚，并做必要的说明，被介绍者应以礼貌的语言向对方问候，点头或握手致意。在自我介绍或被介绍时递上名片，既礼貌又容易使对方准确记住自己。

二、为他人做介绍

为他人做介绍，通常是双向的，即对被介绍者双方各自做一番介绍。有时，也只进行单向的他人介绍，即只将被介绍者中某一方介绍给另一方。为他人做介绍，需要把握下列要点：

（一）了解介绍的顺序

遵守"尊者优先了解情况"规则。先要确定双方地位的尊卑，然后先介绍位卑者，后介绍位尊者。根据规则，为他人做介绍时的礼仪顺序大致有以下几种：

（1）介绍上级与下级认识时，应先介绍下级，后介绍上级。

（2）介绍长辈与晚辈认识时，应先介绍晚辈，后介绍长辈。

（3）介绍年长者与年幼者认识时，应先介绍年幼者，后介绍年长者。

（4）介绍老师与学生认识时，应先介绍学生，后介绍老师。

（5）介绍女士与男士认识时，应先介绍男士，后介绍女士。

（6）介绍已婚者与未婚者认识时，应先介绍未婚者，后介绍已婚者。

（7）介绍同事、朋友与家人认识时，应先介绍家人，后介绍同事、朋友。

（8）介绍来宾给主人认识时，应先介绍主人，后介绍来宾。

（9）介绍与会先到者和后来者认识时，应先介绍后来者，后介绍先到者。

（10）介绍职位、身份高者与职位、身份低者认识时，应先介绍职位、身份低者，后介绍职位、身份高者。

（二）掌握介绍的方式

由于实际需要的不同，为他人做介绍时的方式也不尽相同。

（1）**一般式**。也称标准式，以介绍双方的姓名、单位、职务等为主，适用于正式场合。

（2）**简单式**。只介绍双方姓名一项，甚至只提到双方姓氏而已，适用于一般的社交场合。如："我来为大家介绍一下，这位是谢总，这位是徐董。希望大家合作愉快！"

（3）**附加式**。也可以叫强调式，用于强调其中一位被介绍者与介绍者之间的关系，以期引起另一位被介绍者的重视。如："大家好！这位是飞跃公司的业务主管洋先生，这是小儿刘放，请各位多多关照！"

（4）**引见式**。介绍者所要做的，是将被介绍者双方引到一起即可，适用于普通场合。如："OK，两位认识一下吧。大家其实都曾经在一个公司共事，只是不在一个部门，接下来请自己说吧。"

（5）**推荐式**。介绍者经过精心准备再将某人举荐给另一人，介绍者通常会对前者的优点加以重点介绍，适用于比较正规的场合。如："这位是阳远先生，这位是海天公司的赵海天董事长。阳先生是经济学博士，管理学专家。赵总，我想您一定有兴趣和他聊聊吧。"

（6）**礼仪式**。这是一种最为正规的他人介绍，适用于正式场合，其语气、表达、称呼上都更为规范和谦恭。如："孙小姐，您好！请允许我把北京远方公司的执行总裁李力先生介绍给您。李先生，这位就是广东润发集团的人力资源经理孙晓小姐。"

经介绍与他人相识时，不要有意拿腔拿调，或是心不在焉；也不要低三下四、阿谀奉承地去讨好对方。

（三）注意介绍时的细节

在介绍他人时，介绍者与被介绍者都要注意一些细节。

（1）介绍者为被介绍者做介绍之前，要先征求双方的意见。

（2）被询问是否有意愿认识某人时，一般表示接受。如果实在不愿意，应说明缘由，取得谅解。

（3）被介绍者双方均应起身站立，面带微笑，大大方方地目视介绍者或者对方。

（4）介绍者介绍完毕，被介绍者双方应依照合乎礼仪的顺序进行握手，并且彼此使用"您好""很高兴认识您""久仰大名""幸会"等语句问候对方。

三、介绍集体

介绍集体实际上是介绍他人的一种特殊情况，即被介绍的一方或者双方不止一个人。介绍集体的时候，可以分为两种基本形式：

（1）**单向式**。当被介绍的双方一方为一个人，另一方为多人的时候，往往可以只把个人介绍给集体，而不必再向个人介绍集体。

（2）**双向式**。双向式是指被介绍的双方都是多人所组成的集体。进行介绍的时候，双方的全体人员都要被正式介绍，在公务交往中这种情况比较多见。它的常规做法是，应由主方负责人首先出面，依照主方在场者具体职务的高低，自高而低地依次对其进行介绍，接下来再由客方负责人出面依次介绍。

能力拓展

一、知识能力检测

（一）填空

（1）自我介绍有（　）、（　）、（　）、（　）四种形式。

（2）为他人做介绍的方式有（　）、（　）、（　）、（　）、（　）、（　）。

（3）介绍者经过精心准备再将某人举荐给另一人，介绍者通常会对前者的优点加以重点介绍，这是（　）介绍方式。

（二）思考

自我介绍要注意哪些细节？

二、情景再现

已经在邮电局上班的秋玉和初中同学丽丽周末去逛街，路上正好遇到秋玉的上司王经理，高兴地和上司打过招呼后，秋玉拉过同学说："丽丽，我给你介绍一下，这是我公司的王经理；王经理，这是我的初中同学丽丽。"这时王经理脸上露出了一丝不快，但还是对丽丽点点头说："很高兴认识你。"

案例分析：王经理为什么脸上露出了不愉快的表情？

_____

_____

_____

_____

三、实践训练

以小组为单位，先对每个成员进行身份预设，再进行相互介绍。注意掌握介绍的顺序及细节。

任务**5** 名片礼仪

- 🔸 **知识目标：** 掌握名片礼仪的基本要义
- 🔸 **能力目标：** 熟练掌握正确递接名片的动作
- 🔸 **情感目标：** 和谐人际关系，增进良好合作
- 🔸 **学习重点：** 名片的递接与存放

▶ **任务导入** ● ● ● ● ● ●

名片是一个人身份的展示，当前已成为现代人际交往中一种必不可少的联络工具，成为具有一定社会性、广泛性，便于携带、使用、保存和查阅的信息载体之一。名片的使用是否符合规范，已成为影响人际交往成功与否的一个因素。

▶ **任务实施** ● ● ● ● ● ●

一、名片使用的礼仪

在现代社会，名片不仅具有进行自我介绍和保持联络的作用，还有如下用途：

（1）用于留言。

（2）代表请柬。

（3）可替代礼单。

（4）可替代便函。

（5）可用于业务宣传。

（6）可用于通知变更。

任务拓展

名片是我国古代文明的产物。据清代学者赵翼在其著作《陔余丛考》中记载："古人通名，本用削木书字，汉时谓之谒，汉末谓之刺，汉以后则虽用纸，而仍相沿曰刺"。可见，名片的前身即我国古代所用的"谒""刺"。

二、名片递接的礼仪

（1）递送名片的礼仪。递送名片时，应面带微笑，注视对方，将名片正对着对方，用双手的拇指和食指分别持握名片上端的两角送给对方。如果是坐着的，应当起立或欠身递送，递送时可以说"我叫×××，这是我的名片，请笑纳""我的名片，请您收下"之类的客气话。一般是地位低的人先向地位高的人递名片，男性先向女性递名片，客人先递给主人。当对方不止一人时，应先将名片递给职务较高或年龄较大者；如分不清职务高低和年龄大小时，则可先和自己对面左侧方的人交换名片。名片代表一个人的身份，在未确定对方的来历之前，不要轻易递出名片。否则，不仅有失庄重，而且可能日后被冒用。同样，为了尊重对方的意愿，尽量不要向他人索要名片。

（2）接收名片的礼仪。接收他人递过来的名片时，应尽快起身或欠身，面带微笑，用双手的拇指和食指接住名片的下方两角，并视情况说"谢谢""能得到您的名片，真是十分荣幸"等。名片接到手后，应十分珍惜，切不可在手中摆弄，应认真看一下，千万不要随意放在

桌上，或随便拎在手上，或者放在手中搓来揉去。如果是初次见面，最好是将名片上的重要内容读出声来。读名片时，要注意语言轻重，要有抑扬顿挫，需要重读的主要是对方的职务、学衔、职称等。当对方递给你名片之后，如果自己没有名片或没带名片，应当首先向对方表示歉意，再如实说明理由。如，"很抱歉，我没有名片""对不起，今天我带的名片用完了，过几天我会亲自寄一张给您的"。

三、名片存放的礼仪

（1）使用名片夹。随身携带的名片应使用专用的名片夹，接过他人的名片看过之后，应将其精心存放在自己的名片夹或上衣口袋内。将名片放置于其他口袋，甚至后侧裤袋里是一种很失礼节的行为。

（2）名片夹的存放位置。在着西装时，名片夹只能放在左胸内侧的口袋里；不穿西装时，名片夹可放于自己随身携带的公文包里。

（3）名片要经常整理。要及时把收到的名片加以分类收藏整理，不能将它随意夹在书刊、文件中，更不能把它随便地扔在抽屉里面。最好将收到的名片同自己的名片区分。

能力拓展

一、知识能力检测

（一）填空

（1）在现代社会，名片不仅具有进行自我介绍和保持联络的作用，还可用于留言、（　）、（　）、（　）、（　）、（　）。

（2）一般是地位（　）的人向地位（　）的人递名片。

（3）接收他人递过来的名片时，应尽快（　），（　），用（　）的（　）和（　）接住名片的下方两角。

（二）思考

（1）递送名片要注意哪些细节？

（2）存放名放要注意哪些问题？

二、情景再现

某公司新建的办公大楼需要添置一系列的办公家具，价值数百万元。公司的总经理已做了决定，向A公司购买这批办公用具。这天，A公司的销售部负责人打电话来，要拜访这位总经理。总经理打算，等对方来了，就在订单上盖章，定下这笔生意。不料对方比预定的时间提前了2个小时，原来对方听说这家公司的员工宿舍也要在近期内落成，希望员工宿舍需要的家具也能向A公司购买。为了谈这件事，销售负责人还带来了一大堆的资料，摆满了台面。总经理没料到对方会提前到访，刚好手边又有事，便请秘书让对方等一会儿。这位销售员等了不到半小时，就开始不耐烦了，收拾起资料说："我还是改天再来拜访吧。"这时，总经理发现对方在收拾资料准备离开时，将自己刚才递上的名片不小心掉在了地上，却并没有发觉，走时还无意从名片上踩了过去。但这个不小心的失误，却令总经理改变了初衷，A公司不仅没有机会与对方商谈员工宿舍的设备购买，连几乎到手的数百万元办公用具的生意也告吹了。

案例分析：这位销售员在名片礼仪上有哪些错误？

_____

_____

三、实践训练

两个人为一组，练习递接名片，并相互指出正确与错误的地方。

任务6 馈赠礼仪

▶ **知识目标：**了解馈赠原则，掌握馈赠礼仪

▶ **能力目标：**懂得选择礼物并正确使用馈赠礼仪

▶ **情感目标：**能体现馈赠者的修养和诚意

▶ **学习重点：**馈赠礼品"5W"规则和送礼的忌讳

▶ **任务导入** ● ● ● ● ▮ ●

　　馈赠即送礼品，它是人际交往中一种表达友情、敬重和感激的常用形式，其目的在于沟通感情和保持联系，所以它不仅是一种形式，更重要的是体现馈赠者的修养和诚意。

▶ **任务实施** ● ● ● ● ▮ ●

一、馈赠礼品的规则

　　馈赠礼品的规则即"5W"规则。

　　（1）送给谁（who）。中国人到别人家里面去送礼物的习惯是：如果对方在谈恋爱或刚刚结婚还没有孩子，往往送一个女孩子喜欢的礼品比较合适；如果他们有了孩子，以小朋友为受众对象比较合适；如果家里有老人，以老人为受众对象比较合适。

　　（2）送什么（what）。首先要考虑礼品的时尚性和时效性，切忌送过时、过季的礼品。其次要注意独特性。针对在校的学生，不提倡赠送高档、昂贵的礼品。青年学生过生日应讲求节约，不可奢侈浪费。

　　（3）什么地方送（where）。公务交往的礼品一般在办公地点送，以示郑重其事，公事公办；相反，私人社交的礼品一定要在私人交往的地方送，以示公私有别。

　　（4）什么时间送（when）。到别人家去拜访，礼品要在见面之初拿出，这叫登门之礼。接受了礼物就等于欠着对方一个人情，这时主人就需要考虑还礼。而主人待客还礼则是倒过来，如果是送给远方客人的礼品是临行前送，走之前送；如果是本地客人，就在对方告辞的时候送。送礼品还讲究时机，一般可选在喜庆嫁娶（乔迁新居、过生日做大寿、生小孩、嫁女娶亲等亲友喜庆的日子）、欢庆节日（我国传统节日：春节、端午节、中秋节、重阳

节等，西方化的圣诞节、情人节、母亲节等）、酬谢他人、亲友远行、拜访、做客时送。

（5）如何送（How）。礼品有三种寄送方法，一是自己送，二是托人送，三是寄送。但凡可能，礼品要亲自送。公务活动，礼品最好是由单位领导亲自送，这样可以提高礼品的规格，即"礼宾对等"。

二、送礼的避讳与禁忌

互赠礼品是必要的，但要了解送礼禁忌。过时送礼、事后补礼都应避免。

（一）好双忌单。

凡是大贺大喜之事，所送之礼均好双忌单。但广东人则忌讳"4"这个偶数。再如，在我国，白色和黑色被视为不吉之色，凶灾之色、哀丧之色、而红色则是喜庆、祥和、欢庆的象征。

（二）忌谐音不吉。

我国还常常讲究给老人不能送钟表，"送钟"与"送终"谐音。若真想避免这类不吉利的谐音字，可以在送礼时向受礼者要一块钱，表示这份礼是他用一块钱"买"的，避去"送钟"的意思。一定要送钟时，还可加送一本书，谐音"有始有终"。给夫妻或情人不能送梨，"梨"与"离"谐音，是不吉利的。

（三）忌俗名暗示。

乌龟虽然长寿，却有"王八"的俗名，不宜作为礼品相送。还有，不能给健康人送药品，不能给普通异性朋友送贴身之物等。

任务拓展

外国人在送礼及收礼时，很少有谦卑之词，中国人在送礼时习惯说"礼不好，请笑纳"，但外国人认为这有遭贬之感；中国人习惯在受礼时说"受之有愧"等自谦语，而外国人认为这是无礼的行为，会使送礼者不愉快甚至难堪；外国人送礼十分讲究外包装精美，而且送礼一定要公开大方，把礼品不声不响地丢在某个角落然后离开是不适当的。西方人大都喜欢在收到礼品后立即打开，并说出感谢的话，以示对送礼人之尊重。

三、赠送鲜花的礼仪

送花是一门学问，也是一门艺术。送花应视节日习俗、场合和个人喜好等因素酌情选择合适的种类，又要懂得花语寓意。

（一）中国花语

花名	寓意	花名	寓意
玫瑰	美丽纯洁的爱情	康乃馨	友谊
（橙红）玫瑰	初恋的心情	康乃馨（母亲节）	伟大、神圣、慈祥的母亲
（粉红）玫瑰	初恋，特别的关怀	（红色）康乃馨	受伤的心、相信你的爱
（红色）玫瑰	热恋，真心真意	（红色）康乃馨（母亲节）	为您祈祷健康
（白色）玫瑰	天真、纯洁、尊敬	（粉色）康乃馨	热爱着你
（黄色）玫瑰	歉意、友谊	（粉色）康乃馨（母亲节）	祝母亲永远年轻、美丽
百合花	百年好合，心心相印	（白色）康乃馨	纯洁的友谊
（香水）百合	纯洁、富贵、婚礼的祝福	（白色）康乃馨（母亲节）	寄托对已故母亲的哀悼思念之情
（白色）百合	纯洁、庄严	（黄色）康乃馨	长久的友谊
（黄色）百合	衷心的祝福	（黄色）康乃馨（母亲节）	对母亲的感激之情
（火）百合花	热烈的爱	（杂色）康乃馨	拒绝你的爱
（粉色）郁金香	幸福	菊花	清静、高洁、真情、傲骨、我爱你
（黑色）郁金香	神秘、高贵	黄菊	微笑
（黄色）郁金香	拒绝、无望的爱	墨菊	追念
金鱼草	有金有余，繁荣昌盛	蝴蝶兰	我爱你；蒸蒸日上、事业昌盛
（红色）金鱼草	鸿运当头	马蹄莲	永结同心；自强不息、勇往直前

花名	寓意	花名	寓意
（黄色）金鱼草	金银满堂	水仙	高雅、清逸、芬芳、脱俗、尊敬
（紫色）金鱼草	大红大紫	勿忘我	深情厚意，深厚的友谊
（粉色）金鱼草	花好月圆	满天星	关心、纯洁、带来好运
迎春花	健康长寿	君子兰	优雅
荷花	清白圣洁、无私奉献	并蒂莲	夫妻恩爱
橄榄	和平	豆蔻	别离
向日葵	爱慕、光辉、忠诚、欣欣向荣	天堂鸟	热恋中的情侣
风信子	喜悦、爱意、浓情蜜意	牡丹	圆满、浓情、宝贵、荣华
桂	崇高、荣誉	松	哀怜
剑兰	长寿、福禄、康宁	风信子	喜悦、爱意、浓情蜜意
月季	美好常在、和平友爱	杜鹃	思念家乡
木棉	英雄	海棠	愉快
芍药	依依惜别	茉莉	爱慕、重义轻利

（二）玫瑰朵数的含义

朵数	寓意	朵数	寓意
1 朵	对你情有独钟	36 朵	浪漫心情全因有你
2 朵	眼中世界只有我俩	44 朵	至死不渝

朵数	寓意	朵数	寓意
3 朵	我爱你	50 朵	这是无悔的爱
4 朵	山盟海誓	56 朵	吾爱
5 朵	无怨无悔	66 朵	情场如意
6 朵	愿你一切顺利	77 朵	求婚
7 朵	无尽的祝福	88 朵	用心弥补一切的错
8 朵	深深歉意，请你原谅	99 朵	天长地久
9 朵	永久的拥有	100 朵	执汝之手，与汝偕老
10 朵	全心投入	101 朵	你是我唯一的爱
11 朵	我只属于你	108 朵	嫁给我吧
12 朵	心心相印	123 朵	爱情自由
13 朵	你是我暗恋的人	144 朵	爱你日日月月、生生世世
20 朵	永远爱你，此情不渝	365 朵	天天想你，天天爱你
22 朵	两情相悦，你侬我侬	999 朵	天长地久，爱无休止
33 朵	深情呼唤"我爱你"	1000 朵	忠诚的爱，至死不渝

（三）不同场合的赠花礼仪

按照我国民间流传的心态，凡花色为红、橙、黄、紫的暖色花和花名中含有喜庆吉祥意义的花，可用于喜庆事宜；而白、黑、蓝等寒色偏冷气氛的花，大多用于伤感事宜。具体地讲：

（1）春节、元旦期间。此节日时值年春，选择赠以贺新年、庆吉祥、添富贵的盆栽植物为佳，再装饰些鲜艳别致的缎带、贺卡饰物等增添欢乐吉祥的气氛。宜送有喜庆色彩、吉祥寓意及各种时令花卉，如迎春花、报春花、瑞香、杜鹃、金桔、吉庆果、大丽花、牡丹花等。

● 吉利红星

● 一品红

● 勿忘我

● 康乃馨

（2）圣诞节。12月25日，通常用一品红鲜花或人造花插成各种形式的插花作品，伴以蜡烛，用来装点环境，增加节日的喜庆气氛，含有祝福之意。另外可送太阳花、蟹爪兰（圣诞仙人掌）、枸骨（圣诞果）、塔形枞树、杉、柏、南洋杉等。

（3）情人节。2月14日，除送表示真诚相爱的玫瑰外，还可选红郁金香、粉色牵牛花、白丁香、紫丁香、蝴蝶兰、勿忘我等花材送女友。送男友可选扶郎花、长春花、马蹄莲、紫罗兰等花材。

（4）母亲节。5月的第二个星期日，送康乃馨，这是母亲节之花。也可送表达母爱的石竹，母亲健在的送红色石竹，母亲已故的则送白色石竹。另外也可送纯洁的百合花、勿忘我、粉色牵牛花。

（5）父亲节。6月的第三个星期日。可送红莲花、石斛兰、太阳花，石斛兰具有刚毅之美，花语是"父爱、喜悦、能力、欢迎"，是"父亲之花"。送太阳花，寓意父亲像伟大的太阳；送茴香表示力量；送柳枝，表示坦诚、直率；送黄杨，表示冷静、坚定。

（6）教师节。9月10日，教师节可选送象征灵魂高尚、桃李满天下、才华横溢寓意的花材，如木兰花、剑兰、桃花、悬铃木、百合等。

（7）祝贺开业。宜选择有喜气洋洋、兴旺发达、四季常青、好运将至等含义的花材，如百合、月季、万年青、银柳、桃花（大展鸿图）、发财树、富贵竹、金桔、石榴花、月季、牡丹、一品红、吉利红星等。

（8）乔迁之喜。常用巴西铁、鹅掌叶、白掌、红掌、绿萝柱、彩叶芋等观叶植物或盆栽植物作为贺礼，具有

● 非洲菊

● 百合

● 百合

发财树

花篮

白掌

鹅掌叶

祝贺主人"飞黄腾达、金玉满堂"之意。

（9）给老人祝寿。祝福长辈生辰寿日时，可依老人的爱好选送不同类型的祝寿花，一般人可送长寿果、百合、万年青、龟背竹、寿星桃、苏铁、石榴果、报春花、吉祥草、大丽花、迎春花、兰花等寓意"福如东海，寿比南山"。如能赠送国兰或松柏、银杏、古榕等盆景则更能表达尊崇的心意。

（10）祝贺生日。生日赠花可选择祝福寿星"健康、快乐"为主的花材，宜送石榴、百日红（紫薇）、百日菊、千日红、象牙花、红月季、金鱼草、红掌等，含有青春永驻、火红年华、前程似锦的祝愿。

（11）祝贺新婚。宜赠红玫瑰、并蒂莲、洋兰、百合、火鹤花、鹤望兰、马蹄莲、康乃馨等，祝愿一对新人幸福、和睦、比翼齐飞、百年好合。另外，还可添加大丽、风信子、舞女兰、石斛兰、卡特兰、大花蕙兰等。

（12）祝贺生产、婴儿满月。适合送色泽淡雅而富清香的花，象征温暖、清新、伟大。花材的种类除了依照花语的含义外，亦可按生日花、十二星座、十二生肖、幸运花相赠。

（13）朋友远行。宜送芍药，因为芍药不仅花朵鲜艳，还含有难舍难分之意。

（14）迎接亲友。可选紫藤、月季、马蹄莲组成花束，表示热情好客。

（15）迎接贵宾。迎接贵宾的鲜花，以红花色系与紫

兰花

红掌

大花蕙兰

●向日葵

●马蹄莲

●贵宾花

●金鱼草

●桂花

●康乃馨

花色系最受欢迎。选择的花语，以代表"友谊、喜悦、欢迎、等待、惦念"的花材为主。

（16）探望病人。宜送清香优美、有促进康复作用的花草。给病人送花有很多禁忌，探望病人时不要送整盆的花，以免病人误会为久病成根；香味很浓的花对手术病人不利，易引起咳嗽；颜色太浓艳的花会刺激病人的神经，激发烦躁情绪；山茶花容易落蕾，被认为不吉利。

（17）丧事用花。宜选择清雅、素洁的花卉，如白菊、白石竹、白月季、马蹄莲、君子兰以及柏枝、松枝，以表示怀念和颂扬，象征惋惜怀念之情。

（18）看望父母。可选剑兰花、康乃馨、百合花、满天星插成花篮或花束，以祝父母百年好合，幸福美满。

（19）送离退休同志。可选兰花、梅花、红枫、君子兰，敬祝正气长存，保持君子的风度与胸怀。

（20）拜访德高望重的老者。宜送兰花，因为兰花品质高洁，又有"花中君子"之美称。

（21）送工商界朋友。可送杜鹃花、大丽花、常春藤等，祝福其前程似锦，事业成功。

（22）夫妻之间。可互赠合欢花，合欢花的叶长，并两两相对，晚上则合抱在一起，象征着夫妻永远恩爱。

（23）热恋的情人之间。热恋中的男女，一般送玫瑰花、百合花或桂花，这些花美丽、雅洁、芳香，是爱情的信物和象征。男女之间表示爱意的花，最好选用红色的玫瑰、百合、郁金香，香雪兰、扶

● 祝贺花束

● 香槟玫瑰

● 玫瑰

郎花等；对爱情受挫折的人宜送秋海棠，因为秋海棠又名相思红，寓意苦恋，以示安慰。另外，拒绝对方的求爱，可用康乃馨或黄玫瑰来表示。

能力拓展

一、知识能力检测

（一）填空

（1）玫瑰朵数不同，含义就不同，例如，1朵玫瑰代表（　　），3朵代表（　　），20朵代表（　　），101朵代表（　　）。

（2）内地馈赠禁忌好双忌单，忌（　　）和（　　）。

（3）贵宾来访或者亲友返乡探亲、学成归国，一下飞机可立即献上（　　）、饰花或花束，表示热烈欢迎，必能给宾客惊喜，留下难忘的印象。

（二）思考

（1）设计一个具体场景，说说你的礼品的选择和赠送的方式。

（2）阐述赠送礼品的"5W"规则。

二、情景再现

国内某家专门接待外国游客的旅行社，有一次准备在接待来华的意大利游客时送每人一件小礼品。于是，该旅行社订购制作了一批纯丝手帕，是杭州制作的，还是名厂名产，每个手帕上绣着花草图案，十分美观大方。手帕装在特制的纸盒内，盒上又有旅行社社徽，非常精美。中国丝织品闻名于世，料想会受到客人的喜欢。

旅游接待人员带着盒装的纯丝手帕，到机场迎接来自意大利的游客。欢迎词致得热情、得体。在车上，旅游接待人员代表旅行社赠送给每位游客两盒包装甚好的手帕作为礼品。没想到车上一片哗然，议论纷纷，游客显出很不高兴的样子。特别是一位夫人，大声叫喊，表现得极为气愤，还有些伤感。旅游接待人员心慌了，好心好意送人家礼物，不但得不到感谢，还出现这般景象。

案例分析：中国人总以为送礼人不怪，这些外国人为什么怪起来了呢？

_____

_____

_____

_____

三、实践训练

作为一名学生，当遇到以下情况时，你应该馈赠哪种鲜花适合，请完成下表：

场合	赠送鲜花	表示的含义
圣诞节		
教师节		
给老人祝寿		
同学生日		
朋友远行		
探望病人		
看望父母		

任务7 宴请礼仪

➤ **知识目标：** 掌握宴请礼仪的要义
➤ **能力目标：** 能进行宴请的组织和安排
➤ **情感目标：** 传送美意，增进友谊
➤ **学习重点：** 席间礼仪和座次安排

▶ 任务导入 ●●●●●●●

　　宴请，历来是人们进行社会交往、团聚畅叙、增进友谊、联络感情的一种社交活动。宴请使与会者沟通情感，传送美意，增进友谊。

▶ 任务实施 ●●●●●●●

一、宴请的组织

　　（1）公务活动中的宴请方式主要有：宴会、冷餐会、酒会、工作进餐。

　　（2）庆祝活动、纪念性活动宜采用冷餐会、酒会。

　　（3）谈话工作为主题的活动宜采用工作进餐形式。

　　（4）宴会的规格、标准、席次安排，应视参加人员的身份来确定。

　　（5）宴会的出席人数以偶数为宜，注意避免邀请两位感情不和的客人。

　　（6）宴会厅应尽可能选择干净、舒适、安静的地点。

　　（7）如果发请柬，通常在一至二周前发出。

　　（8）宴会开始前，要为提前到达的客人接风和表示欢迎。

二、席位的安排

席位是指同一餐桌上座位的主次之分。

（1）一般情况下，对着门口的座位为主位。

（2）其他座位依"近高远低，右高左低"的原则。

（3）一般第一主人在面对房门的位置，第二主人在第一主人的对面，主宾应安排在第一主人右侧，副主宾应安排在第二主人右侧，以此类推。

（4）如主宾身份高于主人，为表示敬意，可把主宾排在第一主人位置上，而主人则坐在主宾位上，第二主人坐在主宾的左侧。

（5）上菜斟酒从主宾开始，按顺时针方向依次服务。

单主人情况下的席位安排，见下图：

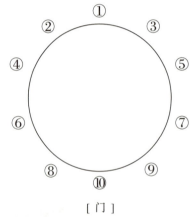

[门]

①第一主人　　②主宾1　　③副主宾2

④主2　　　　⑤主3　　　⑥⑦宾3、宾4

⑧⑨主4、主5　　⑩宾5

双主人情况下的席位安排，见下图：

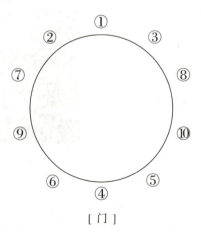

[门]

①第一主人或主陪　　②主宾 1

③夫人或副主宾 2　　④第二主人或副主陪

⑤⑥宾 3、宾 4　　⑦~⑩一般客人或其他陪客

三、席间的礼仪

（1）赴宴前，要事先弄清宴请的时间和地点，记住请柬上注明的桌次号码。

（2）穿戴要适当地加以修饰。这不仅是美化自己，也是对主人和参加宴会者的一种尊重。

（3）应遵守时间，最好提前几分钟到达。

（4）到达宴会场所，注意找准自己的席次。如主宾已经入座，可从椅子的左方入座。

（5）入席后，服务员递上的湿毛巾，用以轻轻擦拭双手和嘴角，绝不能用以擦脸、手臂和脖颈。

（6）客人需待主人先拿起餐巾，自己方可拿起餐巾，不可反宾为主。

（7）不可用餐巾擦拭餐具。餐巾打开后，不宜把餐巾别在衣服的领口和背心纽扣上。途中需离开时，将餐巾稍微折一下放回到桌上，切不可放在椅子上。

（8）利用中式餐具——筷子进餐时先用公筷将所需菜肴接夹到自己的盘碟中，然后再用自己的筷子慢慢食用。用筷有七忌：

①一忌每次一筷夹菜太多；②二忌夹菜后中途滴水滴油不停；③三忌用筷在菜盘中胡搅；④四忌用嘴吸吮筷上的菜点；⑤五忌用筷子代替牙签剔齿缝；⑥六忌用筷子敲打盘碗桌面；⑦七忌用筷子指点人。

（9）鱼刺肉骨吐出时，应放在"骨碟"中，而不能吐在桌布上或随地乱吐。

（10）主人或主宾讲话和祝酒时，应暂停进餐和交谈。

（11）咳嗽或打喷嚏时，必须把头转个方向，用手帕捂住口鼻。

（12）应等主人或长辈动筷后再夹食，动作要轻慢，不宜碰倒杯盘。

（13）席间有时服务员会送上一个小水盒（铜盆、瓷碗或水晶玻璃缸），水上漂有玫瑰花瓣或柠檬片，这是专供用手取食物后，洗手用的。洗手时，两手轮流沾湿手指，轻轻涮洗，然后用餐巾或小毛巾擦干。

（14）一旦入席就餐，应尽可能避免中途退场。如确有急事离场，应向主人说明情况，表示歉意。另外，即使自己吃饱了，也不要先离席，待大家都吃完后方可离开。

（15）用餐完毕，用餐巾擦拭嘴唇和嘴角，然后顺势将其置于餐碟右方。一般在众人面前不宜使用牙签，必须为之时，应用双手遮住嘴轻轻地剔，用过的牙签放在餐碟内。

（16）作为主人，有给客人敬酒、敬菜，协调宴席气氛的任务。

（17）客人离去时，主人要一一握手道别，向客人致意并送至门外。

一、知识能力检测

（一）填空

（1）公务活动中的宴请方式主要有（　），（　），（　），（　）。

（2）庆祝活动、纪念性活动宜采用的宴请方式为（　）、（　），谈话工作为主题的活动宜采用（　）。

（3）赴宴前，要事先弄清宴请的（　）和（　）。

（二）思考

（1）说说用筷子的七忌。

（2）宴请席间应注意哪些礼仪？

二、情景再现

在一次正式宴会中，一名年轻帅气的男士将口布的一角塞到皮带里，来回走动敬酒，引起大家的一阵哗然，有人调侃说："哈哈，你好像斗牛士。"而公司的主管见了却很生气。

案例分析：公司的主管为什么很生气呢？

_____

_____

_____

_____

三、实践训练

陈军是泸州某事业单位科长，他为迎接成都某同行单位学习调研领导专家一行专门设宴款待，请你为此宴席安排合适的席位。成员有：陈军及单位主管领导共2人，科室人员2人；成都同行单位主管领导1人，科长1人，专家2人，工作人员2人。

项目六

公共场合礼仪

开篇案例导读

仅仅因为一口痰吗？

　　这是一场艰难的谈判。一天下来，美国约瑟先生对于对手——中国某医疗机械的范厂长，既恼火又钦佩。这个范厂长对即将引进的"大输液管"生产线行情非常熟悉，不仅对设备的技术指数要求高，而且价格压得很低。在中国，约瑟似乎没有遇到过这样难缠而又有实力的谈判对手。他断定，今后和务实的范厂长合作，事业必定顺利。于是他信服地接受了范厂长那个偏低的报价。双方约定第二天正式签订协议。天色尚早，范厂长邀请约瑟到车间看一看。车间井然有序，约瑟边看边赞许地点头。走着走着，突然，范厂长觉得嗓子里有条小虫在爬，不由得咳了一声，便急匆匆地向车间一角奔去。约瑟诧异地盯着范厂长，只见他在墙角吐了一口痰，然后用鞋底擦了擦，地面留下了一片痰渍。约瑟快步走出车间，不顾范厂长的竭力挽留，坚决要回宾馆。

　　第二天一早，翻译敲开范厂长的门，递给他一封约瑟的信，他不辞而别了。看了约瑟的信，范厂长觉得头"轰"一声，像要炸了。

情景导入

　　公共场合礼仪体现的是社会公德，良好的公共礼仪可以使人际交往更加和谐，使人们的生活环境更加美好。一些生活中看似不起眼的小细节，却最体现一个人在公共场合中的个人修养，能够看出产品的内在质量控制要求，折射企业的管理水平。维护形象很重要，公共场合的小细节不容忽视。

课堂互动

　　分组讨论：

　　请问约瑟在信里写了什么内容呢？到底是什么原因，使约瑟放弃了与精明能干的范厂长之间的合作？

任务1 空间礼仪

- ▶ **知识目标：** 了解在不同场合对空间礼仪的要求
- ▶ **能力目标：** 能根据不同的场合，把握好合适的空间距离
- ▶ **情感目标：** 感知注重空间礼仪对建立良好的人际关系的重要性
- ▶ **学习重点：** 不同场合对空间距离的具体要求

▶ 任务导入 ● ● ● ● ● ●

每一个人都有既适合环境，又适合自己的"小世界""领土范围"，这个环境是随着人际疏密环境改变的。如果他人越界，进入属于某人在一定条件下的空间范围时，他就会局促不安、反抗等。

▶ 任务实施 ● ● ● ● ● ●

一、人际交往，须留空间

空间，是指人们在交往时，特别是一个人与另一个人、个体与群体、群体与群体交往时，因彼此的关系不同、周围的环境不同，而无形中感到彼此间应保持的一般特定的距离。每个人都需要属于自己的一定空间并竭力维护它，这个空间就是交往空间。

> ### 任务拓展
>
> 人们在交往中，会根据场所、交往双方的关系以及身份不同，自然而然保持一种特定的距离。例如两个陌生的异性在野外散步，彼此间要保持 10 米以上才会觉得安全、放心；如果在一张椅子上有一人坐下，另一人会在离他较远的一端坐下，如果有人紧挨着他坐下，他会本能地挪开。假如你和朋友坐在餐桌的对面，如果你将餐桌的菜单、杯子等向他推去，你会发现他刚开始会不安地以身子后仰的方式"躲避"，然后会找准机会将桌上的东西大致放回原位。这些都说明人无论在任何情况下都会想有一个属于自己的空间，在这个空间允许的限度下才会显得自信和安全。

二、常见的空间距离

（1）**亲密距离**。这是人际交往中的最小间隔，即通常所说的"亲密无间"。近段在15厘米以内，彼此可能肌肤相触，耳鬓厮磨，以至相互能感受到对方的体温、气味和气息。远段在15～44厘米，表现为挽臂执手，促膝谈心等。这一距离有非常特定的场景和对象，一般属于私下情境，说悄悄话，或在贴心朋友、夫妻和情侣之间。在社交场合，大庭广众面前或一般的异性之间是绝对禁止的。

（2）**个人距离**。这在人际间隔上稍有分寸感，表现为较少的直接身体接触。一般近段在46～76厘米，正好能相互亲切握手，友好交谈；远段在76～122厘米，已有一臂之隔，在身体接触之外。这一距离通常为人们在交往场合所能接受的，它有较大的开放性，任何朋友和熟人都可以自由地进入这个空间。

（3）**社交距离**。这一距离已超出了亲密或熟悉的人际关系，体现出一种社交性的或礼节性的较正式关系。近段在1.22～2.13米，一般出现在工作环境和社交聚会上的交往。远段在2.13～6.1米，往往表现为更加正式的交往关系。一些有较高身份和地位的人往往通过一个特大办公桌的相隔与下属交谈，这一距离大都是考虑到交往的正式性和庄重性。如企业或国家领导人之间的谈判，教授与学生间的论文答辩等，以增加一种庄重的气氛。

（4）**公众距离**。在这个空间中，人与人之间的直接沟通大大减少，但也是人际接触中界域观念的最大距离，是一切人都可以自由出入的空间。近段在6.1～8米，远段则在8米以外。这是一个几乎能容纳一切人的"门户开放"的空间。人们完全可以对处于这个空间内的其他人"视而不见"，不予交往，因为相互间未必发生一定联系。在这个空间的交往，大多是当众演讲之类的。

三、空间位置

空间位置是指交往者之间的座位所产生的媒介效果。

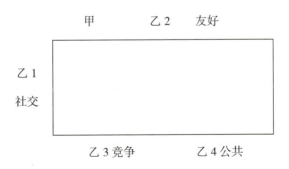

在办公桌前，甲和乙交谈，乙可以采取四种不同的位置，相对甲来说，乙1是社交位置，乙2是友好位置，乙3是竞争位置，乙4是公共位置。每个人可根据情况来确定座位。

一、知识能力检测

（一）填空

（1）常见的空间距离有（　）、（　）、（　）、（　）四种。

（2）超出了亲密或熟悉的人际关系，体现出一种社交性或礼节性的较正式关系是（　）距离。

（3）（　）距离在人际间隔上稍有分寸感，表现为较少的直接身体接触。

（二）思考

谈谈空间区域的具体划分及要求有哪些？

二、情景再现

公司新招进的员工小李是个性情开朗、热情大方的小伙子，喜欢和人交朋友，平时和同事交谈时喜欢拍对方的肩，和对方靠得很近，有时甚至将嘴凑到同事的耳朵边说话。可是，一段时间后，小王发现同事们有些不愿意和自己说话，老远看着自己就找个借口躲开，小李很纳闷，不知道问题出在哪里。

案例分析：请帮小李分析一下，他的问题出在哪里？他在与别人的交往中，有何不妥之处？

_____

_____

_____

_____

三、实践训练

试着在和家人、同学、老师交往的同时，体验空间距离。

任务2 公共场所礼仪

➤ **知识目标：** 掌握公共场所的礼仪要求

➤ **能力目标：** 运用公共场所的具体要求来约束自己的行为

➤ **情感目标：** 体验遵守公共礼仪的重要性

➤ **学习重点：** 公共场所礼仪的具体要求

▶ 任务导入 ● ● ● ● ●

公共场所礼仪体现社会公德。在社会交往中，良好的公共礼仪可以使人际交往更加和谐，使人们的生活环境更加美好。公共场所礼仪总的原则是：遵守秩序、仪表整洁、讲究卫生、尊老爱幼。

▶ 任务实施 ● ● ● ● ● ●

一、图书馆礼仪

（1）要注意整洁，遵守规则。不能穿汗衫和拖鞋入内。注意图书室的开放时间。

（2）借书证一人一证，不能随意转借他人。按规定借阅。

（3）在借阅期限内归还，不得随意拖延还书时间，以免影响其他人借阅学习。

（4）保持室内安静和清洁，切忌大声说话或在座位上交谈，也不能携带食物和随地乱扔果皮纸屑、乱吐痰。在图书室严禁吸烟。

（5）报刊阅览室的读者较多，早来者不能事先抢占座位。借阅的杂志不得带出阅览室，阅完报纸须整理好后放回报架，不得乱扔。

（6）借阅图书时，需按要求填写索书单，递交索书单后要耐心等一会儿，不要催促管理员。

（7）不要对借阅的图书勾画重点或做标记，也不要有折角。更不允许将自己要的资料、图片撕下或"开天窗"。如有需要，可在经得管理员同意并办理相关手续后借出复印。如有损坏或遗失，将按一定规定赔偿并处以罚款。

二、博物馆礼仪

（1）排队进场时不能拥挤。进场后不可大声喧哗、东奔西跑，要顺着人流方向自然行进。

（2）讲解员讲解时，要认真听，但不要拼命往前挤。

（3）在参观文物或作品时，要注意遵守场内纪律，不可伸手随便触摸，隔着玻璃柜时，注意不要压碎玻璃。

（4）在写着"请勿拍照"的牌子旁边，就不要拍照。

三、电影院的礼仪

（1）准时入场。

（2）坐姿稳定。

（3）不能随地乱扔果皮纸屑，也不能吸烟。

（4）不谈笑喧哗，也不高声发表议论。

（5）遇到意外情况时，要自觉维护影院的秩序。

四、游览名胜古迹的礼仪

（1）出游前先做了解。在出游前可通过一些旅游书籍或相关网站先做景点了解。

（2）看的过程要有积极的态度，不要走马观花。

（3）要保护文化遗产。不能在文物古迹上乱刻画，也切忌为了拍照留影而攀爬或进入禁止区域。

任务拓展

黄山玉屏楼前文殊洞上的迎客松，是一棵闻名世界的古松，已存活了1 200多年，来自五大洲的朋友无不在迎客松前摄影留念。敬爱的周恩来总理生前曾嘱咐说，迎客松是我国第一棵宝树，要好好保护。但有个别旅游者竟然用刀子在这颗古树上削去长24.5厘米、宽6.5厘米的一块树皮刻字留念，损坏文物，这简直是一种犯罪行为。

（4）供游客休息的长椅不宜一个人躺下睡觉或休息。

（5）切忌在园区内随地乱扔果皮纸屑。

（6）服从组织者的安排。

五、"一米线"礼仪

"一米线"实际上要求的是对别人隐私权的尊重，对公共秩序的遵守，它是基于道德标准而提出来的一项措施，体现着社会文明的进步。我们要自觉遵守：

（1）到窗口办事要做到自觉排队，不管是人多还是人少的时候。

（2）未轮到自己时，主动站到"一米线"之外，以尊重别人的隐私权。

（3）等候时要主动回避别人输入密码和具体事务的办理，切忌等候无事就目不转睛地盯着别人看。

（4）有的自动提款机没有设"一米线"，但也要自觉遵守这个不成文的规则。

六、交通礼仪

"安全"这两个字沉甸甸的，因为离开了它，我们的生命就失去了保障；忽视了它，我们的生活可能会发生巨大的改变，我们每个人可能会陷入痛苦的深渊。为了家人的幸福，我们每个人都应该注意交通安全。

（一）行走的礼仪

（1）在道路上行走，要走人行道；没有人行道的道路，要靠路边行走。

（2）集体外出时，要有组织、有秩序地列队行走；结伴外出时，不要相互追逐、打闹、嬉戏；行走时要专心，注意周围情况，不要东张西望、边走路边看书报或接打手机等。

（3）在没有交通民警指挥的路段，要学会避让机动车辆，不与机动车抢行。

（二）穿越道路的礼仪

（1）穿越道路，要听从交通警察的指挥；要遵守交通规则，做到"红灯停、绿灯行"。

（2）穿越道路时，要走人行通道（斑马线）；在有过街天桥和地下通道的路段，应自觉走过街天桥和地下通道。

（3）穿越道路时，要走直线，不要迂回穿行；在没有人行横道的路段，应先看左边，再看右边，在确认没有机动车通行时再过道路。

（4）不要翻越道路中央的安全护栏和隔离墩，更不能在道路上使用滑板、旱冰鞋等滑行工具。

（5）不要突然横穿道路，特别是道路对面有熟人、朋友呼唤，或者自己要乘坐的公共汽车已进站，千万不能贸然行事，以免发生意外。

七、使用公厕的礼仪

（1）入厕前。如果有人在使用公厕，后来者要在规定的区域内排队等候。保持厕内的卫生，不随处吐痰，手纸用后放进纸篓。上厕所时要关门，以免使自己或他人难堪。

（2）入厕后。用完公厕后要放水冲洗，方便随后使用的人。用完厕所出来时，请将门敞开，以免后来者误会而在外等候。便后洗手要小心，弄得到处都是水是没有修养的表现。

能力拓展

一、知识能力检测

（一）填空

（1）在图书馆，切忌（　）或在座位上交谈。

（2）游览名胜古迹时，不能在文物古迹上（　），也切忌为了拍照留影而攀爬或进入（　）。

（3）很多人排队办理业务的过程中，当一个人在办理时，后面的人则应等候在（　），以尊重他人的隐私。

（二）思考

（1）什么是"一米线"礼仪、斑马线礼仪？

（2）游览名胜古迹需要注意哪些礼仪？

（3）在电影院观影时，应注意哪些礼仪？

二、情景再现

一群中国游客在美丽的杭州西湖边上集体洗脚，成了国人眼中一道"靓丽的风景"；一群中国游客在巴黎卢浮宫门前的喷泉池边集体洗脚，成了外国人眼中一道"靓丽的风景"。中国人，请别将自己的脚洗干净了，却把脸洗脏了！

案例分析：中国人"脚到底有多脏"？这样洗脚，是否合适？

_____

_____

_____

_____

三、实践训练

利用周末，到市图书馆、博物馆参观一次，并注意相关礼仪细节，维护个人及学校形象。

任务3　茶与咖啡礼仪

▷▷ **知识目标：** 了解喝茶与喝咖啡的礼仪要求

▷▷ **能力目标：** 能对照喝茶和喝咖啡的礼仪要求规范自己的不良举止

▷▷ **情感目标：** 体验中国茶文化的博大精深，争做一名举止优雅的学生

▷▷ **学习重点：** 茶的分类及奉茶、品茶的礼仪要求

▶ 任务导入 ● ● ● ● ●

　　可可、咖啡、茶并称当今世界的三大无酒精饮料，其中茶和咖啡更多伴随着现代人的生活。茶的香味是淡淡的清香，犹如中国的少女那样纯洁无暇；而咖啡则香味浓郁，就像美洲的少女那样激情奔放。喝一杯茶、饮一杯咖啡都是极小的事情，但越是小的事情就越能看出一个人的修养、气质。

▶ 任务实施 ● ● ● ● ●

一、茶的礼仪

　　在我国，茶被誉为"国饮"，"文人七件宝，琴棋书画诗酒茶"，"茶通六艺"是我国传统文化艺术的载体。我们在接待来访的客人时，沏茶、上茶已经成为一项必不可少的待客礼节。不管是自己喝还是待客，喝茶都非常有讲究。

（一）茶叶的品种

　　我国是茶的故乡，有着悠久的种茶历史，中国盛产茶叶，饮茶人口众多。茶叶的品种有很多，主要有：绿茶、红茶、青茶（乌龙茶）、黄茶、白茶、黑茶。

（二）茶具的选择

　　饮用不同的茶类，对茶具的要求各不相同。不同种类的茶配上特别的茶具，才能酝酿出其品质特色，让品茶之人领略到其独有的风韵。

茶类	适宜选配的茶具
绿茶	无色、无花、无盖透明玻璃杯或用白瓷、青瓷、青花瓷无盖杯
红茶	紫砂、白瓷、红釉瓷、暖色瓷的茶具或咖啡壶具
青茶	紫砂茶具、白瓷茶具
黄茶	奶白或黄釉瓷及黄橙色壶杯具、盖碗、盖杯
白茶	白瓷或黄泥炻器壶杯及内壁有色黑瓷
黑茶	紫砂茶具、白瓷茶具

（三）敬茶

茶礼有缘，古已有之。客来敬茶，这是我国最早重情好客的传统美德与礼节。茶已被奉为贡品与礼品。到两晋、南北朝时，客来敬茶已经成为人际交往中的一项重要礼仪。颜真卿的《春夜啜茶联句》中有"泛花邀坐客，代饮引情言"。唐代刘贞亮曾经赞美"茶有十德"，认为饮茶除了益于健康之外，还能"以茶表敬意""以茶可雅心""以茶可行道"。最基本的奉茶之道就是客人来访马上奉茶。奉茶前应先请教客人的喜好，如果有点心招待，应先将点心端出，再奉茶。

（1）事前的准备。洗手，检查茶具的清洁。

（2）取茶倒茶的礼仪。检查每个茶杯的杯身花样是否相同；茶叶要适量；茶水的温度以 80 摄氏度为宜；注意入量大约为茶杯容量的六至七成（"酒满茶半"）；注意每一杯茶的浓度要一样；检查杯数与人数是否相同。

（3）端茶的礼仪。双手将茶逐一端给客人，或者用左手托着茶盘，右手将茶拿给客人；端茶给客人时，要先给坐在上座的重要宾客，然后依次端给其他宾客；双手奉茶时，切勿将手指搭在茶杯上或是将其浸入茶水中，面带微笑，眼睛注视着客人说："这是您的茶，请慢用！"然后将茶放在客人的右手边。

（4）奉茶的顺序。按先客后主、先主宾后次宾、先女士后男士、先长辈后晚辈的顺序上茶。

（四）品茶

（1）客人双手接茶时，行礼致意，说声"谢谢"或点头致谢。

（2）品茶有很大的讲究，小口品饮，一苦二甘三回味，其妙趣只可意会，不可言传。

二、咖啡的礼仪

咖啡（coffee）是生长在热带和亚热带高原（海拔 1 000～2 000 米）上的一种常绿灌木，栽种 3 年后开始结果。果实呈深红色，内有 2 颗种子，即为生咖啡豆。经过烘焙的咖啡豆（咖啡属植物的种子）制作的饮料，通常为热饮，但也有作为冷饮的冰咖啡。

（一）喝咖啡的步骤

（1）正式开始喝咖啡前，先喝一口冰水，冰水能使咖啡味道鲜明地浮现出来，让舌头上的每一颗味蕾都充分做好感受咖啡美味的准备。

（2）喝咖啡要趁热，因为咖啡中的单宁酸很容易在冷却的过程中发生变化而使口味变酸，影响咖啡的风味。

（3）趁热喝一口不加糖与奶精的黑咖啡，感受一下咖啡在"未施脂粉"前的风味。然后加入适量的糖，再喝一口，最后再加入奶精。

（4）适量饮用，咖啡中含有咖啡因，所以要适量地喝。

（二）喝咖啡的礼仪

1. 端咖啡杯的礼仪

（1）端杯手指不从杯耳过。正确姿势是：用拇指和食指捏住杯把端起杯子。

（2）喝咖啡时只需端起杯子，端起碟子或托住杯底喝咖啡都是失礼行为。

2. 给咖啡加糖的礼仪

（1）加糖时可用咖啡匙舀取砂糖，直接加入杯内；也可先用糖夹子把方糖夹在咖啡碟的近身一侧，再用咖啡匙把方糖加进杯子里。

（2）加糖后不用费力搅拌，因为糖和牛奶溶化速度很快。

（3）不喜欢加糖和奶的可把杯耳转向自己的右侧。

3. 咖啡匙的使用礼仪

（1）咖啡匙不作舀咖啡之用。加糖和搅咖啡才是咖啡匙的"专职"，用它舀着咖啡一口一口喝是一件失礼的事，也不要用它"帮忙"捣碎杯中的方糖。

（2）饮用时将咖啡匙从杯中取出，放在碟子上。

4. 请客和做客的礼仪

（1）家里来客人时，一定要待之以现磨现煮的咖啡，并且亲自为客人煮咖啡、上咖啡。来客饮用时，要称赞"味道好极了"。另外，要为客人准备一杯凉开水。

（2）在朋友家做客喝咖啡时，不必客气，将咖啡趁热喝完，这才显得有礼貌。不过，不要一口气把咖啡喝完，而要慢慢啜饮。如果只顾聊天而冷落了咖啡使它冷却，那才是浪费主人的一番心意。

5. 饮用咖啡的礼仪

（1）在交谈时，务必要细语柔声，千万不要大声喧哗，乱开玩笑，更不要与人动手动脚，追逐打闹。

（2）不要在他人饮咖啡时，提出问题。自己饮过咖啡要讲话以前，先用纸巾揩一揩嘴，以免咖啡顺嘴角流淌或弄脏嘴角。

（三）喝咖啡的注意事项

（1）切忌用嘴吹凉咖啡。咖啡趁热喝才好，如果太热，可用咖啡匙轻轻搅拌使之冷却，或者等待咖啡自然冷却后再饮用。

（2）不要满把握着杯，大口吞咽，也不要低头去接触咖啡杯。添加咖啡时不要把咖啡杯从碟子中拿起来。

（3）喝咖啡吃点心"错时"进行。饮咖啡可以吃点心，但是不能一手端咖啡杯，一手拿点心，吃一口喝一口地交替进行。饮咖啡时放下手中的点心，吃点心时则放下咖啡杯。

一、知识能力检测

（一）填空

（1）我国茶叶的品种主要有绿茶、（　　）、（　　）、（　　）、（　　）、（　　）六大类。

（2）端茶要使用（　　）手，要先端给坐在（　　）的宾客，然后再依次端给其他客人。

（3）端咖啡杯，手指不从（　　）过。

（二）思考

（1）奉茶的顺序是什么？

（2）喝咖啡要注意哪些细节？

二、情景再现

林浩是一个不拘小节的人，一次，林浩去朋友家做客，一进门，朋友便叫小女儿给林洁送一杯热茶，林浩边跟朋友交谈边喝茶，突然，一根茶梗被林浩喝进嘴里，只见他随即将就把茶梗吐回了杯中。

案例分析：谈谈你对林浩的认识，为什么朋友们都说他是个不拘小节的人？

_____

_____

_____

_____

三、实践训练

在六大茶类中任选一种，泡制一壶工夫茶，边泡制边介绍这种茶及其冲泡工艺。

任务4 西餐礼仪

▶ **知识目标：** 掌握西餐的用餐礼仪
▶ **能力目标：** 在吃西餐时能正确使用餐巾及刀叉
▶ **情感目标：** 感知中西方文化的差异
▶ **学习重点：** 西餐餐具的使用

▶ 任务导入 ● ● ● ● ● ●

西餐有着很深的文化积淀，从入座、点餐到用餐，都体现着西方人的礼仪。因此，从点滴做起，注意每一个细节，是我国人员与西方人交往的必备条件，也是在公共场合展示自我文明素养及单位形象的关键。

▶ 任务实施 ● ● ● ● ● ●

"西餐"是对西方国家餐食的统称，主要使用刀叉作为餐具。西方人就餐，从穿着、餐具到菜品，所涉及的礼仪很多。

一、西餐的餐具礼仪

西餐使用的餐具以金属质地为主，主要分为刀、叉、勺、杯子四类。

①刀。餐刀有牛排刀、鱼刀、沙拉刀、黄油刀等，食用不同的菜品要使用不同的刀。

②叉。餐叉有牛排叉、鱼叉、沙拉叉、海鲜叉、甜点叉。

③勺。餐勺主要有汤勺和咖啡勺。

④杯子。杯子分为水杯、酒杯、咖啡杯，酒杯又有红葡萄酒杯和白葡萄酒杯之分。

二、餐前注意事项

①着装。男士一般着正装，打领带；女士穿晚礼服或套裙以及高跟鞋。由于西餐厅光线比较暗，女士最好能化妆。

②守时。按时到达就餐地点是对别人基本的尊重。

③女士优先。进门时，男士要为女士开门，请女士先进入餐厅。入座时，男士可为女士拉椅，也可由服务生代劳，待女士坐定后，男士再入座。

三、点餐

（一）菜品

西餐点餐应包括：①头盘，也称前菜、开胃菜，一般分量较少，但质量很高，制作精致。②汤。③副菜，主要是鱼类菜品。④主菜，主要是肉、禽类菜品。点主菜时要注明烹调的熟度和使用的调味汁。⑤蔬菜类菜肴，一般是沙拉。⑥甜品，如奶酪、冰淇淋等。⑦饮料，如茶、咖啡等。

只点开胃菜，不点主菜和甜点是极不礼貌的。

（二）酒水

西餐酒水主要有三种：餐前酒、佐餐酒、餐后酒。每食用一道菜，都要配以相应的酒水。①餐前酒：又叫开胃酒，在开餐以前或食用开胃菜时饮用，可选择鸡尾酒、味美思和香槟酒等。②佐餐酒：在食用副菜和主菜时饮用，以葡萄酒为主。选择佐餐酒时应遵循"红肉配红酒，白肉配白酒"的原则，即海鲜、鱼肉、鸡肉等白色的肉类配白葡萄酒，牛肉、羊肉、猪肉等红色的肉类配红葡萄酒。③餐后酒：用餐之后，用来帮助消化的酒。可选择利口酒，如白兰地。

四、用餐

（一）餐巾的使用

餐巾一般在点完餐以后打开，对折后开口朝外放于膝盖上。餐巾的用途主要是防止衣物弄脏、擦拭嘴和手，以及在吐骨头、果核时用来遮住嘴巴。暂时离席时，应将餐巾折好放在餐桌上，不要揉成一团或挂在椅背上。

（二）正确使用刀叉

刀叉是西餐中的重要餐具，正确使用刀叉是西餐礼仪的关键。

吃西餐时如果要同时使用刀叉，应该左手拿叉，右手拿刀；如果叉子不与刀同时使用，可用右手持叉。使用刀叉时，左手用叉按住食物，右手用刀从食物的外侧向内侧切下一小块食物，再用叉送入口中。不能把空的叉子或刀放到嘴巴里咬，更不能在餐桌上挥舞刀叉。如果中途暂时离席，应将刀叉呈八子形放于盘中；用餐完毕后，应将刀刃向内，叉的正面向上，并排横放于盘内。如果桌上摆了多副刀叉，应按照从外到内的顺序，每道菜使用一副刀叉。

（三）喝汤

喝汤时应用右手持汤勺，从后往前将汤舀起送入口中。汤勺入口时不要发出声音，将勺子与嘴呈 45 度角，底部放在下唇，轻轻送入口中。

（四）吃面包

西餐的面包一般是无限量供应的，为了防止吃太多面包而吃不下主菜造成浪费，最好在用过头盘以后再吃面包。吃面包时应用手从面包盘中撕下大小合适的一块放在嘴里；不要用手将面包拿起来撕，也不要用刀叉切取面包，更不能直接把面包放进嘴巴里咬。黄油可根据个人喜好用黄油刀沾取后涂在撕下来的小块面包上。

（五）喝酒

喝酒时应使用右手端酒杯，与他人敬酒时一般不碰杯。不能离开座位或越过他人去和距离较远的人敬酒。女士注意不要把口红印在酒杯上，最好在用餐前就去洗手间将口红擦掉。

（六）用餐禁忌

切忌衣着随意和在餐桌上大声谈笑、喧哗。吃西餐时坐姿要端庄稳重，用餐时不能将手肘放在桌上。使用刀叉时不能与盘子发出声音。吃主菜时不能吃得太慢而影响下一道菜。用餐切忌一言不发，别人会以为你对这顿饭不满意。嘴里有东西时不要说话，用餐结束后不要在餐桌上剔牙。喝酒时不能一饮而尽、边吃东西边喝酒或者边说话边喝酒。

能力拓展

一、知识能力检测

（一）填空

（1）西餐酒水分为（　　）、（　　）、（　　）三种。

（2）西餐使用的餐具以金属质地为主，主要分为（　　）、（　　）、（　　）、（　　）四类。

（3）西餐的（　　），一般分量较少，但质量很高，制作精致。

（二）思考

谈谈吃西餐有哪些禁忌？

二、情景再现

李鸿章曾应俾斯麦之邀前往赴宴，准备的是西餐。就餐席间，李鸿章把一碗吃水果洗手的水喝了。当时俾斯麦不了解中国的虚实，为了不使李鸿章丢丑，他也将洗手水一饮而尽，见此情景，其他文武百官只能忍笑奉陪。

案例分析：你从这个案例得到什么启示？

_____

_____

_____

_____

三、实践训练

到西餐厅用餐时，准确使用各种餐具，并观察西餐的上菜顺序和特色。

项目七

职场礼仪

开篇案例导读

修养是第一课

　　有一批应届毕业生实习时被导师带到国家某部委实验室里参观。全体学生坐在会议室里等待部长的到来时，秘书给大家倒水，同学们表情木然地看着她忙活，其中一个还问了句："有绿茶吗？天太热了。"秘书回答说："抱歉，刚刚用完了。"林然看着有点别扭，心里嘀咕："人家给你水还挑三拣四。"轮到他时，他轻声说："谢谢，大热天的，辛苦了。"秘书抬头看了他一眼，满含惊奇，虽然这是很普通的客气话，却是她今天唯一听到的一句。

　　门开了，部长走进来和大家打招呼，不知怎么回事，静悄悄的，没有一个人回应。林然左右看了看，犹犹豫豫地鼓了几下掌，同学们这才稀稀落落地跟着拍手，由于不齐，越发显得凌乱起来。部长挥了挥手说："欢迎同学们到这里来参观。平时这些事一般都是由办公室负责接待，因为我和你们的导师是老同学，非常要好，所以这次我亲自来给大家讲一些有关情况。我看同学们好像都没有带笔记本，这样吧，王秘书，请你去拿一下我们部里印的纪念手册，送给同学们作纪念。"接下来，更尴尬的事情发生了，大家都坐在那里，很随意地用一只手接过部长双手递过来的手册。部长脸色越来越难看，来到林然面前时，已经快要没有耐心了。就在这时，林然礼貌地站起来，身体微倾，双手握住手册，恭敬地说了一声："谢谢您！"部长闻听此言，不觉眼前一亮，伸手拍了拍林然的肩膀问："你叫什么名字？"林然照实作答，部长微笑点头，回到自己的座位上。早已汗颜的导师看到此景，才微微松了一口气。

两个月后，同学们各奔东西，林然的去向栏里赫然写着国家某部委实验室。有几位颇感不满的同学找到导师问："林然的学习成绩最多算是中等，凭什么推荐他而没有推荐我们？"

当今社会大家都很注重自我形象的塑造，职场上，在追求得体着装的同时，用符合礼仪要求的方式表达自己显得更为重要，应在实践中规范训练和持之以恒地培养，使之成为个人的礼仪习惯。对于在校学生，除了学习以外，修养是第一课。只有做好全方位的准备，职场上才能如沐春风，获得事业的成功。

分组讨论：
为什么林然会被推荐到国家某部委实验室，而其他同学却没有被推荐？

任务1 **求职礼仪**

> 📌 **知识目标：** 掌握求职面试前、面试中与面试离开后的礼仪
> 📌 **能力目标：** 运用求职礼仪提高就业概率
> 📌 **情感目标：** 帮助学生提升个人气质和修养
> 📌 **学习重点：** 求职礼仪中的礼貌行为和规范举止

▶ **任务导入** ● ● ● ● ● ●

　　求职礼仪是发生在求职过程中，求职者与招聘单位接待者接触时应具有的礼貌行为和仪表规范。注重求职礼仪，能帮助你抓住每一次机会，以最快的速度找到自己理想的栖身之地。

▶ **任务实施** ● ● ● ● ● ●

一、求职面试前的准备

（一）面试前的心理准备

　　事先了解一些求职的礼仪知识，特别是面试的礼仪，是求职者迈向成功的第一步。面试就如同一场试探性的战斗，战斗的双方就是面试单位的主考官和参加面试的求职者。

（二）面试前的物质准备

　　（1）求职简历。一份吸引人的简历是获取面试机会的敲门砖。简历正文包括四部分：

　　第一部分为个人基本情况介绍，包括姓名、性别、民族、出生年月、政治面貌、籍贯、家庭住址、联系方式等方面的内容。

　　第二部分为学历情况概述，包括受教育程度、学习历程（一般从初中学历以上开始写，中间不要有时间间断，假期也要包含在内）、在校期间获奖情况、爱好和特长、参加过的社会实践活动、所任职务、承担的任务等。

　　第三部分为工作经历情况和自我评价，主要介绍曾经工作过的单位名称、职位、个人工作成绩、培训或深造就学情况、工作变动情况、职务升迁情况和自我评价等。

　　第四部分为求职意向，包括求职目标或个人期望的工作岗位，表达你希望得到什么样的工种、职位以及你的奋斗目标，可结合自己的特长写。

（2）撰写个人简历应注意的事项。

①层次分明，文字简洁，用词精准，不要写得过于复杂和啰嗦。

②内容全面，材料真实，实事求是。

③充分展示自己的特长。

④版面设计要合理、新颖、美观，制作要精良。

⑤证件附后。

个人简历表样式：

个人简历表

姓名	李一	性别	男	相片
民族	汉	政治面貌	共青团员	
籍贯	四川泸州	出生年月	1997年8月	
受教育程度	中职	毕业学校	泸州职业技术学院	
所修专业	计算机应用	身高	1.75米	
家庭住址	四川省泸州市江阳区仁和路一号	联系电话	15984999999	
主修专业课程	计算机网络、数据结构、操作系统、网络安全、网络综合布线、网页设计和网站建设、计算机组装与维修			
在校期间任职情况	2011年9月—2012年8月　任计算机应用一班班长 2012年9月—2013年8月　任学校计算机应用协会会长 2013年9月至今　　　　　任学校学生会副主席			
获得证书	初级程序员、全国计算机二级证书、网络管理员			
性格特点	热情、大方、开朗、执着			
爱好特长	网站建设开发、文学、主持			
社会实践和实习情况	2012年7—9月　泸州四海计算机开发有限公司软件开发助理 2013年7—9月　泸州五湖App开发有限公司开发助理			
获奖情况	2011年 获学校"新生崭露头角"校园文艺演出一等奖 2012年 获学校"网页设计"大赛一等奖 2013年 获泸州市中职生"网站开发与设计"大赛一等奖 2012年 获泸州市"暑期社会实践积极分子" 2011—2013年 获学校优秀学生奖学金			

自我评价	本人性格热情开朗，待人友好，为人诚实谦虚。工作勤奋，认真负责，能吃苦耐劳，尽职尽责，有耐心。具有亲和力，平易近人，善于与他人沟通。学习刻苦认真，成绩优秀，名列前茅。连续三年获得学校奖学金。曾任"计算机应用"一班班长、学校计算机应用协会会长、学生会副主席等，积极参加课外文体活动、各种社会实践活动和兼职工作等，曾多次获得市级及校级各项荣誉及多项专业技术等级证书
求职意向	计算机网络管理、网站开发与设计
学校或专家推荐意见	

（三）礼仪准备

礼仪准备主要指个人形象礼仪，即应聘者面试前，对个人仪表形象的塑造。良好的仪表是求职者的形象魅力，是心灵美与外表美、语言美与行为美、自然美与修饰美的统一。

（1）面试服饰。应聘者的外在形象是给主考官的第一印象，外在形象的好坏在一定程度上会影响到能否被录用。面试时一定要注意，恰当的着装能够弥补自身条件的某些不足，树立起自己的独特气质，使你脱颖而出。

①男士。春、秋、冬季，男士面试最好穿正式的西装。夏天要穿长袖衬衫，系领带，不要穿短袖衬衫或休闲衬衫。西装颜色以深素色为主，配套的衬衫白色是首选。领带应选用丝质的，颜色最好是单色的。宜穿深色的裤子、黑色的皮鞋。皮带要和西装相配，一般选用黑色。眼镜要和自己的脸型相配，镜片擦拭干净。钢笔一定不要插在西装上衣的口袋里，西装上衣的口袋是起装饰作用的。

②女士。面试着装要简洁、大方、合体。职业套装是最简单，也是最合适的选择。裙子不宜太长，这样显得不利落，但是也不宜穿得太短。低胸、紧身的服装，以及过分时髦和暴露的服装都不适合面试时穿。

（2）仪容。男士：注意脸部的清洁，胡须一定要刮干净，头发梳理整齐。查看领口、袖口是否有脱线和污浊的痕迹。女士：宜化淡妆。如果抹香水，应该用香型清新、淡雅的，头发要梳理整齐，前额刘海不要超过眉毛。佩戴饰物应注意和服装整体的搭配，最好以简单朴素为主。

二、面试中的礼仪

（一）准时守信

求职者一定要准时守信，千万不要迟到或毁约。去面试时，要考虑到途中堵车或其他因素等意外情况，可提前 20 分钟或 30 分钟到达。若一切顺利，可熟悉一下环境，稳定情绪，检查仪表，调整心态，做好准备，以免仓促上阵，破坏第一印象。如有特殊情况不能按时到达，应事先电话通知主考官，以免对方久等。

任务拓展

一项研究表明，个人给他人留下的印象，7% 取决于言辞，38% 取决于音质，55% 取决于非语言交流。非语言交流的重要性可想而知。在面试中，恰当使用非语言交流的技巧，将为你带来事半功倍的效果。

（二）礼待接待人员

对接待人员要以礼相待，用好"您好""谢谢""请""再见"等礼貌用语。

（三）面试时关闭通信工具

面试时关闭通信工具。面试过程中，如果手机突然响起，会打扰别人，也会影响自己应试。

（四）进入面试室要先敲门

被请入面试室，应先敲门，即使门是半掩的，也应轻轻敲门三下，得到允许后，才轻轻推门进去，然后转身把门再轻轻关上。切不可贸然推门进去，给人粗鲁无礼的印象。

（五）进入面试室面带微笑、主动打招呼

微笑是人与人之间交往的"润滑剂"，是相互交流沟通前的见面体态语。应聘者在进入面试室后，要面带微笑，主动向考官点头致意，礼貌地问候"您好！""大家好！""见到您很高兴！"之类的话。这时，如主考官主动伸手行握手礼，应聘者应积极相迎。但主考官没主动伸手时，应聘者不要主动伸手。

进入面试室，在主考官没有请你入座时，不要急于坐下。主考官请你坐下时，应表示谢意，并坐在指定位置上。坐下时，挪动椅子不要发出声响，并保持良好的坐姿。男士跷着二郎腿，女士双膝分开、叉开腿等都是不对的。坐好后，把个人简历、介绍信及相关材料，双手恭敬地递给主考官。

> **任务拓展**
>
> 　　小袁是一名中职生，毕业后在金正电器公司上班，他没有傲人的文凭，也没有显赫的家世，但他却在去年被老板看重，选定为金正电器在川南地区的代理商，很多人不理解，猜想他肯定是给了老板很多好处，走了后门。但他身边的同事最了解这事，小袁能有今天，跟他自己的性格密不可分，小袁平时为人真诚，对事认真，无论是谁叫他帮忙做事，他从不找借口推辞，每天上班，当别人都觉得苦闷时，他依旧保持那个微笑的表情，深受同事喜欢。当然，他能被老板重用，也是理所应当了。

（六）面试谈话礼仪

（1）和对方谈话的时候，要正视对方的眼睛和眉毛之间的部位，和对方进行目光接触。

（2）学会倾听，在面试过程中，主考官的每一句话都可以说是非常重要的，要集中精力，认真去听，记住说话人讲的重点。倾听对方谈话时，要自然流露出敬意。要做到记住说话者的名字。身体微微倾向说话者，表示对说话者的重视。用目光注视说话者，保持微笑，提出相关的问题。

> **任务拓展**
>
> 　　与主考官的意见不一致时，不要据理力争，虽然得到一时"嘴巴上的快活"，却会导致满盘皆输，要知道你的去留掌握在主考官手上，即使你不同意他的看法，也不要直接给予反驳，可以用诸如："是的，您说的也有道理，在这点上您是经验丰富的，不过我也遇到过一件事……"

（3）注意你的肢体语言。要适当地做出一些反应，如点头、会意地微笑，但脚不要不自觉地颤动或晃动。

（4）面试时要做到谦虚有自信、不卑不亢。求职面试的过程实际上是一种人际交往过程，求职双方都应用平和的心态去交流。谦虚是一种美德。有的求职者在求职时傲慢不羁，不拘小节，这是不可取的。要做到自信从容，举止大方。

三、面试结束后的礼仪

（一）告别的礼仪

当考生对于面试问题回答快结束时，以一句"考生答题结束"作为结束语，主考官示意面试结束后，应微笑起立，将刚才坐的椅子无声地放回进门时的位置，然后道声"再见"，没有必要握手（除非考官主动伸手），自然离场，轻轻关好门。

（二）离开后的礼仪

为了加深招聘人员的印象，增加求职成功的可能性，面试后的两三天内，求职者最好给招聘人员写封信表示感谢。感谢信要简洁，最好不超过一页纸。感谢信的格式按书信格式书写。范文如下：

尊敬的领导：

您好！

我是×××，是××月××日第××位面试者，来自××学校的学生。

感谢贵公司给了我一个面试的机会。这次面试从各方面开阔了我的视野，使我增长了见识，得到了全方位的提高。相信您对我各方面综合能力的肯定，一定能增强我的竞争优势，让我在求职的路上更加坚定自己的信心。感谢贵公司对我的关爱，感谢贵公司给我的这次毕生难忘的经历！

无论我这次能否被贵公司录用，我都坚信选择贵公司是明智之举。无论今后我会在哪个单位上班，我都会尽职尽责做一名具有强烈责任感、与单位荣辱与共的员工，一名扎根在单位、立志为社会创造最大价值的攀登者，一名积极进取、脚踏实地而又极具创新意识的新型人才。

大千世界，芸芸众生如我者甚众，胜我者恒多。虽然我现在还很平凡，但我会勤奋进取、永不服输。如蒙不弃，惠于录用，必竭尽才智，为公司鞠躬尽瘁！

感谢的同时，祝贵公司事业蒸蒸日上，一帆风顺！

此致

敬礼！

×××× 年 ×× 月 ×× 日

能力拓展

一、知识能力检测

（一）填空

（1）求职面试前要做好（　）、（　）、（　）三大方面的准备。

（2）面试中要注意（　）、（　）、（　）、（　）、（　）、（　）。

（3）求职者一定要（　），千万不要迟到或毁约。迟到和毁约都是不尊重主考官的一种表现，也是一种不礼貌的行为。

（二）思考

求职面试前、中、后的礼仪细节有哪些？

二、情景再现

我们公司的场地构造有点特殊，进门的玄关旁边有一个座位，因为我是财务，不用和他们项目组的同事坐在一起，所以玄关旁边的位子就是我的座位。我们公司前几个月新来了一个大学毕业生，每次进门首先看见我，招呼不打一声，头也不点一下不说，直瞪瞪看我一眼就走进去了。我怀疑她可能以为我只是一个前台的阿姨，所以如此不屑一顾。后来过了几天，大概她终于搞清楚我并非什么接接电话、收收快递的阿姨，而是掌管她每个月工资的"财政大臣"，猛地就开始殷勤了起来，一进门"刘老师"叫得很响。可是，我心里的感受却不一样了，即使她现在对我再怎么尊敬，我对她也生不出什么好感来。

案例分析：为什么那个新毕业的大学生对刘女士再尊敬，刘女士对她也生不出好感呢？

_____

_____

_____

三、实践训练

（1）假定参加一次求职面试，请结合求职岗位，为自己做一次形象设计。

（2）结合自身情况和职业生涯规划，制作一份个人求职简历。

任务2 日常工作礼仪

▷ **知识目标：** 了解日常工作中各种常规礼仪

▷ **能力目标：** 熟练掌握运用上下级之间与同事之间的礼仪，规范自己的职场行为

▷ **情感目标：** 培养职场个人气质和修养，展示自身良好风貌

▷ **学习重点：** 上下班礼仪和上下级礼仪

▶ **任务导入** ● ● ● ● ● ●

　　无论在什么地方，礼仪都是不可缺少的。在日常工作中也是一样，尤其对刚入职的年轻毕业生显得更为重要。所谓的日常工作礼仪，就是指上班族在办公室日常工作时应当遵守的行为规范。

▶ **任务实施** ● ● ● ● ● ●

一、上岗礼仪

　　为了树立良好的"第一印象"，在走上新的工作岗位时，有一些礼仪是要讲的：

　　（1）全面了解企业的各项规章制度。

　　（2）了解管理各项业务工作的负责人姓名及其职责。

　　（3）当有困难时不要不好意思求助他人，人们愿意原谅无知，而不会原谅错误。

　　（4）被介绍时一定要仔细听清并记住同事们的姓名，尽早区分认识。介绍时应起身握手，注意礼貌礼节。

> **任务拓展**
>
> 　　每一名基层工作人员，上岗时在实际工作中都必须以忠于职守为天职，不忠于职守，便难言其爱岗敬业。忠于职守其实是爱岗敬业的主要表现形式，具体而言，应做到三点：具有岗位意识、具有责任意识、具有时间意识。

二、上班礼仪

（1）上班时提前10分钟到办公室，逢人打招呼时应点头微笑，愉快地说声："早上好！"然后做下列事情：打扫房间或用吸尘器清洁地毯；开窗透气，擦拭办公桌椅等用具，用酒精或消毒水给电话机听筒两端消毒；如果办公室养了花草，你可以为它们浇水、清理枯叶等；倒掉纸篓内的垃圾；检查审视墙壁饰物是否端正；调节室内空调温度和湿度，调整百叶窗或垂直帘角度，使之保持一致；把日历翻到当天，检查时钟是否准确；把报纸杂志堆放排列整齐，准备好各类办公用品；把日程表和必要的文件资料、当日报纸放在上司桌上，准备好茶水。

（2）如果上班迟到，应和上司明确说明迟到原因，尤其应记得向同事打声招呼，因为自己的迟到而让同事费神照顾，应说声"对不起"或"有劳"，然后立刻投身于工作中，不要一再复述自己迟到的原因或经历。有时由于午间也可能会有来电来访，因此除了吃饭，最好不要离开办公室，如果必须离开，也应将手头工作或可能的来电来访暂时交代给身边的同事。

（3）上司和同事休息时，说话和接打电话声音应轻一些，也不要和同事大声聊天或窃窃私语，更不要把文件资料堆在办公桌，只顾忙自己的私事。

任务拓展

基层工作人员的爱岗敬业，不仅表现为干一行爱一行，还表现为干一行通一行。因此，基层工作人员在实际工作中一定要努力钻研业务，努力精通业务。以便适应时代发展的需要，更好地为人民群众服务，更好地为祖国的社会主义现代化服务。具体而言，应做到三点：精通专业技术、掌握现代知识、重视知识更新。

三、下班礼仪

（1）下班时推迟10分钟离开办公室，一定不要在下班前几分钟或几十分钟便开始准备下班。当上司和同事离去时，一一和他们告别，比如说声"辛苦了！"或"明天见！"

（2）如果自己先走，也要打声招呼，千万不要一声不响地走掉，这样做是极为不礼貌的。如果是最后离开办公室，就要将自己手头尚未完成的工作处理好，以便次日一开工就能投入工作继续做下去，还要关闭所有办公设备（除传真机外），切断电源，锁好抽屉、柜橱门窗，再仔细检查一遍，确认无误后，锁门离开办公室。

四、上下级之间的礼仪

（一）下级对上级的礼仪

（1）不能"越位"。在工作上，不能超越自己上级一定范围内的权限。如果下级替代了上级，就会带来工作上的混乱。在权力上，更不能越位，如果被领导者越权严重，就会导致领导大权旁落，使上级的领导意图无法得到贯彻。

（2）摆正关系。摆正关系是搞好上下级关系的前提。作为被领导者来说，如果过傲，易把关系搞僵；过卑则不能建立正常的关系；过俗易把上下级关系搞成权钱关系；过媚易使正直的上级反感。作为下级要积极表现、勤奋工作，可隔一段时间主动向领导征求意见，针对自己的不足，要努力改进。

（3）尊重领导。在工作中要尊重领导，维护领导的尊严。遇见领导，要主动打招呼；碰到决断不了的事，要向领导请教；不论年龄大小、阅历深浅、水平高低，都应尊重领导的人格，维护其权威。对领导交办的工作，应愉快地、创造性地完成，完不成的要向领导说明情况。

（4）当好参谋。被领导者若想让领导满意，最重要的前提就是具有完成本职工作的能力，出色地完成任务。除做好本职工作之外，还要当好领导的参谋。特别是当领导在工作或生活中碰到麻烦和难题时，下级要挺身而出，为上级分忧解难。

（5）谦虚诚实。被领导者应懂得尊重他人，有向领导请教学习的意向和行为。下属应诚实无伪，说老实话、办老实事、当老实人，言行一致、表里如一，不搞两面派、不弄虚作假。当然，诚实也要讲究艺术，否则，会因诚实而犯错误，导致领导不满或反感。

（6）忠诚可信。被领导者应忠诚、讲信用、重感情，用实际行动表示对领导的信赖、敬重，这样，必将会得到领导的喜欢。对领导存有二心，"身在曹营心在汉"，或背叛领导，另攀高枝，这是领导最反感、最不能容忍的事。

（7）把握好与领导谈话的技巧。与领导交谈，要注意把握谈话的场所、时机以及领导的心情等因素，应从容、自然、亲切、

谦虚，切不可锋芒毕露、咄咄逼人，或哗众取宠、低二下四。与领导交谈时，要注意以下礼节：不要让领导感到疲劳；不用领导不懂的技术性强的术语，或抽象的、使人难解的词语；表达内心的真实想法，不绕弯子，说话要直爽；寻找自然、活泼的话题，让领导充分地发表一些意见；保持自己的人格；适当运用体语；同领导交谈，选择好的时间和地点，能使双方交谈时思想专一，安心静气；与领导交谈时，不能沉默。

（8）掌握汇报工作的方式和方法。向领导汇报工作情况时，其礼仪特点有下列几个方面：遵守时间，不能失约；敲门并获许可后才可进入；要做到用语准确，句子简练；应做到语速适中，音量适度；汇报时间不宜过长；实事求是，有喜报喜，有忧报忧；如果领导未注意礼仪，作为下级，应以礼相待，或直言相陈；汇报结束后，不能匆匆离开，应注意退场礼仪。

（9）给领导提意见和建议时，要讲究方式方法。金无足赤，人无完人。领导是人不是神，也有说错话、办错事的时候，作为被领导者来说，应讲究提意见或建议的方式、方法，既能达到目的，又不使领导反感或恼怒。作为下属，对领导的失误不能采取消极态度，应出于公心敢于陈谏。但要注意：选择适当的场合；利用适当的时机；采取适当的方式；不要急于否定；要因人而异。

（10）保持适当距离。与领导相处时，被领导者应把握好距离，不可太近，也不能太远。太近会使人产生"媚上"的感觉，破坏自己的形象；太远会让领导觉得你高傲、冷漠、目空一切。因此，必须把握好度，而在异性上下级之间，则更应加以注意。

（二）上级对下级的礼仪

（1）必须具备公仆意识。作为上级，不仅要扮演好指挥者、管理者的角色，还要扮演好同事、公仆的角色，与民同利共患，才能做到上下同心，相互理解信任，发展上下级之间和干群之间的交往，保证良好的人际关系。

（2）加强个性修养。作为上级，其个性品质特征尤其是性格修养和气质修养，对上下级之间的人际交往关系有至关重要的影响。因此在其个性修养上，应注意做到以下几点：守信践诺、与人为善、择人任事、任人唯贤、畅通言路、兴趣相投、提高聚群性和社交能力、提高情绪和行为的自律性。

任务拓展

我们一般常讲五句话：尊重上级是一种天职，尊重同事是一种本份，尊重下级是一种美德，尊重客户是一种常识，尊重所有人是一种教养。

五、同事之间的礼仪

（一）同事之间的协作

（1）搞好关系。同事之间能否处得和谐、融洽，对工作是否轻松愉快有着很大的作用。同事交往的基本原则是平等与相互尊重。

（2）公平竞争。同事竞争要遵循公平原则，不能为了某种利益就不择手段。

（3）团结协作。同事之间要讲求协作精神。一件工作往往需要同事间相互协作，相互支持才能完成。自己的工作一定要克己奉公，不能推卸责任，需要帮助要与同事商量，不可

强求；对方请求帮助时，则应尽己所能真诚相助。对年长的同事要多学多问、多尊重，对比自己年轻的新人则要多帮助、多鼓励、多爱护。

（4）尊重他人。要尊重他人的人格，要尊重他人的物品，也要尊重他人的工作。同事不在或未经允许的情况下，不要擅自动用别人的物品。如果必须动用，最好有第三者在场或留下便条致歉。当他人工作出色时，应予以肯定、祝贺；当他人工作不顺利时，予以同情、关心。在协作过程中，注意不可越俎代庖，以免造成误会，令对方不快。

（5）不亲密、不疏离。对同事要一视同仁，平等对待，不要结成小集团。一般来说，与同事的关系不要过于亲密，但也不能过于疏离，要适时保持一定沟通和交流。

（二）与同事交往的基本原则

（1）真诚相待。同事的工作受阻，或遇到挫折和不幸时，应及时给予真诚的关心和帮助，在处理种种事情时，多设身处地替他人着想，就会获得别人的友谊和赞赏。

（2）言必信，行必果。向同事许诺事情时，要考虑到责任，没有把握或做不到的事情不要信口允诺。允诺了的事情，无论遇到多大的困难，都要千方百计去完成。如果因为其他意外的原因无法达成，应诚恳地向对方表示歉意，不能不了了之。

（3）尊重他人。不要在水平比你高、能力比你强的同事面前表现出缺乏自尊和自信，也不要在水平比你低、能力比你差的同事面前表现得盛气凌人。不要在同事面前说绝对话、过头话，不要扫他人的兴，不要以质问的口气对人说话。

（4）少说话，多做事。在同事面前，不该说的不要说，特别是涉及别的同事、工作

任务等方面的话题时，不要发牢骚。最好的办法是少说多做，用行动来表达自己的观点，特别是自己看不惯的现象，说多了容易引起别人的反感。

（三）同事间沟通的语言技巧

（1）同事间在公务交往时，别忘了使用"您""请""劳驾""多谢"等文明用语。

（2）工作之余，闲谈时可以随便些，开开玩笑，但要注意对象和场合。对年长者、前辈和不太熟的同事开玩笑是不恰当的。

（3）说话音调宜高不宜低，切忌讲粗话，讲低级庸俗的笑语。话语中避免涉及同事的隐私或短处，不能挖苦、讽刺别人。谈话要自然随意，不要心不在焉，爱理不理的，也不要扭捏作态或哗众取宠。如果谈话中出现了矛盾、分歧，不必太当真，可以开个玩笑并转移话题，不要因为闲谈伤了同事间的和气。

（四）同事相处"九不可"

（1）不可随便交心。

（2）不可有亲疏远近。

（3）不可随便分担别人的工作。

（4）不可在同事面前批评上司。

（5）不可有过多的金钱往来。

（6）不可加入传播流言的队伍。

（7）不可命令别人。

（8）不可过于张扬。

（9）不可轻易听信于人。

（五）与异性同事交往的注意事项

（1）工作中不分性别。

（2）相恋的同事要公私分明。

（3）感情上的事情应该放在工作之外。

（4）对年长的异性同事要保持礼貌。

（5）年龄相当的异性同事要保持适当的距离。

能力拓展

一、知识能力检测

（一）判断对错

（1）与同事交往时，可以开开玩笑，但是要注意对象和场合。（　　）

（2）在工作中，可以帮关系好的同事分担工作。（　　）

（3）不管亲疏远近，都不可在同事面前批评上司。（　　）

（二）思考

结合自身特点或专业，进行一次职业规划，思考在未来的就业岗位上，自己如何开展好各方面的工作？

二、情景再现

（1）小丽是个可爱的姑娘，嘴很甜，喜欢招呼人，很受同事喜欢。慢慢地，她把单位当成自己家了，时常迟到早退，也从来不打扫办公室，开水没有了，也等着办公桌对面的李科长去烧水。同一个办公室的李明出差，请小丽帮他照顾办公室的几盆绿色植物，小丽满口答应，结果忘得干干净净，等李明回来，植物已经死了几盆。虽然小丽连连道歉，但大家已经开始疏远她了。

案例分析：小丽的行为有哪些方面不妥？

_____

_____

_____

_____

（2）小红是一位非常聪明的姑娘，性格开朗大方，对人坦诚，喜欢帮助别人，但她心中装不下事情，特别是自己的一些事情总喜欢说与同事听。刚开始同事都很喜欢她，但时间长了，都开始躲着她，她很不理解，索性调到了另一个单位，可过了一段时间，又出现了相同的情况。小红非常苦恼。

案例分析：为什么工作时间长了，同事都在躲着小红呢？

_____

_____

_____

_____

三、实践训练

你掌握同事间交往的礼仪技巧了吗？在与同学之间的交往中你受欢迎吗？结合目前情况，请自查还有哪些地方不足，应该怎样改进？

知识目标： 掌握会议接待、准备、组织礼仪，会议座次安排；了解会后工作礼仪

能力目标： 掌握并熟练运用会议礼仪，提高办会能力

情感目标： 掌握相关礼仪知识，提高自身竞争力

学习重点： 会议接待礼仪和会议座次安排

▶ 任务导入 ● ● ● ● ● ●

随着当今社会经济、文化交流与合作越来越频繁，各种会议活动越来越多，懂得会议礼仪对会议精神的执行有较大的促进作用。会议接待及组织工作更是展示一个单位工作面貌的重要窗口，对外还可以树立良好的企业公众形象。

▶ 任务实施 ● ● ● ● ● ●

一、会议接待礼仪

（一）仪容仪表的准备

（1）注意个人卫生。

（2）女性要注意有效修饰——化淡妆，做到妆成有若无。

（3）保养自己的衣物，用清洁剂使衣物保持鲜亮和干净，用漂白剂使衣物亮白。

（4）要牢记穿衣注意事项。

（二）接待的准备

（1）了解客人。应了解来客的姓名、身份、人数，来访的目的，到来的时间，乘何种交通工具。

（2）确定规格。确定接待规格，主要依据来客的身份和来访目的，同时还应考虑双方的关系。主要迎接人，一般应与来宾的身份相当，这叫对等接待。如果是有上下级关系的来客，则应主要根据来者的目的确定。如果是上级单位派人向下级单位口授指示、意见，或兄弟单位派人同本单位商谈业务，或下级单位来访有重要事宜，要高规格接待，领导要出面作陪。如果上级单位只是搞些调查或了解情况，接待时派个代表或由办公室帮助安排好调查对象就可以了。

（3）其他准备。为了表示对客人的尊重，客人到来之前应把室内、室外环境卫生清理一下。单位接待贵客，还可以写一些欢迎标语。

（三）迎接客人

（1）接待外地来的客人。应派车到车站、机场、码头去迎接。接站应弄清客人所乘车次、班次及到达时间。

（2）接客人要提前到达。对身份较高的贵宾，应进站迎接，并安排其到贵宾室稍事休息；对一般来客，要在出口处迎接。接站的人可以举一个牌子，上面写"欢迎×××同志"，如果是会议性的，一趟车到站人数较多，可以写"×× 会议接待处"。

（3）接到客人。接到客人后要先致以问候，做自我介绍，并帮助客人拿一下行李。要帮客人拿较重的行李，客人随手提的公文包则不要代劳。

（4）讲究轿车坐次的尊卑。

①谁在开车。何人驾驶轿车，是关系座次尊卑的关键。专职司机驾车，则轿车的座次应当为后排为上座，前排为下座。主人亲自驾车，则前排的副驾驶座应为上座，车上若有其他人在座，应当有人坐在副驾驶座上作陪，并且是车上人中地位身份最高的。

任务拓展

其他情况的坐次尊卑为：

（1）全家外出，应由男主人驾驶，在其身旁的副驾驶座上应当是女主人，孩子则应当坐在后排座位上。

（2）如果主人夫妇开车接送客人夫妇，客人夫妇坐在后排。

（3）若主人一人开车接送一对夫妇，则男宾坐到副驾驶座上。

---

②开的什么车。轿车的类型不同，其座次尊卑也不同。

第一种情况：双排座轿车

由专职司机开车时，座次的尊卑应当是：后排上，前排下，右为尊，左为卑。具体而言，顺序依次为后排右、左、中，前排副驾驶座。

由主人亲自驾驶双排座轿车时，车上其余的 4 个座位的顺序依次为：副驾驶座，后排右、左、中。

	●	①
③	④	②

第二种情况：3排7人座轿车

由专职司机驾驶时，车上其余6个座位（加上中间一排折叠椅的两个座位）的顺序依次为：后排右、左、中，中排右、左，副驾驶座。

	●	⑥
	⑤	④
②	③	①

由主人驾驶时，座位的顺序依次为：副驾驶座，后排右、左、中，中排右、左。

	●	①
	⑥	⑤
③	④	②

第三种情况：3排9人座轿车

由专职司机驾驶时，车上其余8个座位的顺序依次为：中排右、中、左，后排右、中、左，前排右、中。

	●	⑧	⑦
	③	②	①
	⑥	⑤	④

由主人驾驶时，车上的座位顺序依次为：前排右、中，中排右、中、左，后排右、中、左。

	●	②	①
	⑤	④	③
	⑧	⑦	⑥

第四种情况：吉普车

副驾驶座总是上座，后排则讲究右高左低。

第五种情况：大中型轿车

通常的座位排列应当是由前而后，由右而左。

（5）上下车的顺序。乘坐轿车时，一般应该由主人为客人、下属为领导、晚辈为长辈、男士为女士提供开关车门的服务，照顾他们上下车。开门应按照先开后右车门，再左车门的次序，为对方开门时要用手遮挡车框提醒对方以免碰头，最后主人等才从左侧后车门上车。

（6）开车以后。要主动与客人寒暄，可以介绍一下这次活动的主要内容、日程安排，此前到达的已有哪些客人，有哪些人员参与活动等，还可以介绍一下当地的风土人情，问一下客人有什么私事要办，需不需要帮助等，不要使客人受到冷落。到了驻地，接待人员应先下车，给客人打开车门，说一声"慢下车"，招呼客人下车。

（四）引路与安顿

（1）主人为客人引路要讲礼仪。如果没有其他领导在场，自己是主陪，要与客人并排走，不能落在后面，走到路口或拐弯时，应用手示意。二人并行，以右为上，所以应请客人走在自己的右侧。三人并行，中间为上，右侧次之，随行人员应走在左边。与女士并行，男士应走在路的外侧；不能并行时，男士要走在女士后面。但在上楼、下车、进入关闭着的大门或在陌生的路上，男士要走在女士前面。在电梯口、楼梯口与女士相遇，要主动让女士先行。外出时，要主动帮女士拿一些笨重的背包及脱下的外衣，但坤包除外。

（2）要乘电梯时，如有服务人员，应请客人先进；若无服务人员，则应自己先行一步，走进电梯，待客人进入后，再启动电梯。走出电梯应请客人先行，主人随后。

（3）到了门口，要告诉客人说："到了，请进。"主人把门打开，这时应该注意：如果门是向外开的，主人应把门向自己的方向拉开，请客人先走；如果门是向里开的，应把门推开，自己先进，并扶住拉手，不让门动，再请客人进去。

（4）客人入室以后，应先请客人坐下。客人入座后，在敬烟、献茶之后，主人再坐下。若有服务人员，可以等客人入座后，主人即坐下，由服务人员倒茶，主人献烟。若客人较多，应全面招呼，不要顾此失彼，不要过久逗留，这时只可稍事寒暄。首先介绍一下活动安排，了解一下对方有何要求、打算，介绍一下作息时间、服务设施等，即可告辞，使客人尽早休息，消除旅途疲劳。离开之前，要向客人交待下一步安排，并告知客人有事如何跟自己联系，与此同时，要主动给客人办好报到、住宿手续。对身份较高的贵客，应事先预定房间，带有秘书的，食宿手续可由秘书办理。

（五）送别客人

（1）客人来时，以礼相迎，客人告辞，还应当以礼相送，使整个接待善始善终。

（2）大型社交活动的送客工作要复杂一些，应有专人组织。在活动结束之前几天，就要了解客人的返程日期和要求、车次、班次和票种，并及时预购好车、机、船票。

（3）活动结束后，主人应到客人住处表示欢送，询问客人离开前还有什么需要交待、办理的事。在离开时，主人要提前给客人结算好各项费用，并帮助搬运客人携带的物品。用车将客人送到车站、码头，最好能送到车厢，安排好位子；对于贵客，应先联系好贵宾室，请客人在贵宾室候车。客人所乘车（船）启动时，送行者应频频挥手告别。

二、会议准备礼仪

（一）会务筹备组的建立

会务筹备应设两个小组：秘书小组与会务小组，秘书小组负责文字宣传准备；会务小组负责除文字宣传以外的所有工作，从会前的准备，会议开始的接待，会议中间的服务，直至会后的送行等。

（二）会务准备

会务准备的内容很多，主要有：

（1）拟发好会议通知。

（2）安排好会场。

（3）其他准备。

（4）做会务预算。

三、会议组织礼仪

（一）工作性会议的组织礼仪

工作性会议是由不同方面的人聚集在一起，为达成同一目标，得到统一结论而召开的会议。工作性会议的礼仪主要有以下几个方面：会议通知应阐明目的，以便会议参加者准备资料；会议应适于讨论，一般采用"圆桌型"，有利于提升会议的效果。

（二）例会的组织礼仪

例会是指有固定时间、固定地点、固定人员参加的制度性会议。例会的内容主要是传递信息或讨论工作。例会的礼仪主要有：与会者应准时到会；座位安排应紧凑；时间不宜过长。

（三）报告会的组织礼仪

报告会是邀请领导干部、专家学者或其他有关人员作专题报告的会议。报告会的礼仪主要有：选好报告人；向报告人介绍情况；对报告人要以礼相待，对报告人的邀请、迎送以及招待应周到、热情。

（四）座谈会的组织礼仪

座谈会是邀请有关人员参加交谈、讨论某个或某些问题，以达到沟

通信息、联络感情的目的。座谈会的礼仪主要有以下几点：及时通知并说明内容；创造出融洽、热烈的气氛，最好是圆桌型；鼓励插话与争论。

四、会议座次安排

（一）政务会议主席台座次的安排

（1）主席台必须排座次、放桌签，以便领导同志对号入座，避免上台之后互相谦让。

（2）主席台座次排列有讲究：

①领导人数为奇数时：主要领导居中，2号领导在1号领导左手位置，3号领导在1号领导右手位置，其他以此类推。

9 7 5 3 ① 2 4 6 8

②领导人数为偶数时：1、2号领导同时居中，2号领导依然在1号领导左手位置，3号领导依然在1号领导右手位置，其他以此类推。

9 7 5 3 ① 2 4 6 8 10

（3）几个机关的领导人同时上主席台，通常按机关排列次序排列。可灵活掌握，不生搬硬套。比如：对一些德高望重的老同志，也可适当往前排，而对一些较年轻的领导同志，可适当往后排。对邀请的上级单位或兄弟单位的来宾，也不一定非得按职务高低来排，通常掌握的原则是：上级单位或同级单位的来宾，其实际职务略低于主人一方领导的，可安排在主席台适当位置就座。这样，既体现出对客人的尊重，又使主客都感到较为得体。

（4）对上主席台的领导同志能否届时出席会议，在开会前务必逐一落实。领导同志到会场后，要安排在休息室稍候，再逐一核实，并告知上台后所坐方位。如主席台人数很多，还应准备座位图。如有临时变化，应及时调整座次、桌签，防止主席台上出现桌签差错或领导空缺。还要注意认真填写桌签，谨防出现错别字。

（二）商务会议的座次安排

商务场合中的座次多数是按照国际惯例来安排的，基本原则是：

（1）右高左低，前高后低，中间高于两侧。

（2）如果考虑房门，还应遵循远高近低的原则，即离门远的位置为上座。

一般情况下，商务会议有方桌会议、圆桌会议，方桌会议又根据会议规模分为小型会议、中型会议。

1. 小型商务会议

（1）相对式房间场景座次，适合国际惯例"以右为上"。

（2）会见座次适合动态右手位，即主人和客人面对面相坐，以进门的方向来区分左右，面朝门右手靠里边的位置为主宾上位。

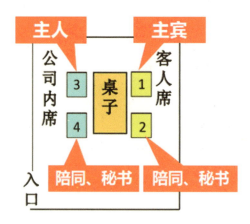

2. 中型商务会议

（1）并列式房间场景座次，适合国际惯例"以右为上"。

（2）会见座次适合静态右手位，即主人和客人并列就座，以当事人来区分左右，主人的右边为主宾上位。

3. 圆桌会议

为了尽量避免主次的安排，而以圆形桌为布局，就是圆桌会议。在圆桌会议中，则可以不用拘泥这么多的礼节，主要记住以门作为基准点，比较靠里面的位置是比较主要的座位就可以了。

任务拓展

圆桌会议是解决问题，同时还能让所有人享有均等与会权利的最佳方式。

——亚瑟王

（三）商务谈判的座次安排

商务谈判多为双边谈判。双边谈判时，宾主分列长桌或椭圆形桌的两侧。

（1）竖桌式（顺着门的方向）：应以进门方向为准，右侧为上，属于客方；左侧为下，属于主方。

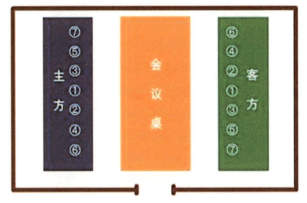

（2）横桌式：面对正门的一方为上，应属于客方；背对正门的一方为下，应属于主方。主谈人员应在自己一方居中而坐；其他人员按照右高左低的原则，自近而远分坐。国际惯例与政务礼仪会议座次相悖。如果双方各带翻译，应就坐于主谈人员之右。

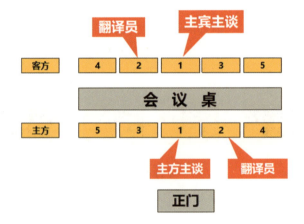

五、会后工作礼仪

（1）整理会议记录。

（2）安排与会人员离会。

（3）会议文件的立卷归档。

（4）会议新闻报道。

（5）会务工作总结。

能力拓展

一、知识能力检测

（一）单项选择

（1）双排座轿车由专职司机开车时，最尊贵的位置是（　　）。

A.前排副驾驶　　B.后排左　　C.后排中　　D.后排右

（2）由主人亲自驾驶双排座轿车时，最尊贵的位置是（　　）。

A.前排副驾驶　　B.后排左　　C.后排中　　D.后排右

（3）在引路时，三人并行，（　　）为上，（　　）次之，随行人员应走在（　　）。

A.左　　　　　　B.中　　　　　C.右

（二）思考

进行会议座次安排时，应注意哪些礼仪细节？

二、情景再现

某机关定于某月某日在单位礼堂召开总结表彰大会，发了请柬邀请有关部门的领导光临，在请柬上把开会的时间、地点写得一清二楚。

接到请柬的几位部门领导很积极，提前来到礼堂开会。一看会场布置不像是开表彰会的样子，经询问礼堂负责人才知道，今天上午礼堂开报告会，某机关的总结表彰会改换地点了。几位领导同志感到莫名其妙，个个都很生气，改地点了为什么不重新通知？一气之下，都回家去了。

事后，会议主办机关的领导才解释说，因秘书人员工作粗心，在发请柬之前还没有与礼堂负责人取得联系，一厢情愿地认为不会有问题，便把会议地点写在请柬上，等开会的前一天下午去联系，才知得礼堂早已租给别的单位用了，只好临时改换会议地点。但由于邀请单位和人员较多，来不及一一通知，结果造成了上述失误。尽管会议主办机关的领导登门道歉，但造成的不良影响也难以消除。

案例分析：在会议准备时应注意什么问题呢？

_____

_____

_____

_____

_____

_____

三、实践训练

请同学们自行组织或参加一次小型会议，并做一份会议记录。

会议记录

会议名称			
会议时间		会议地点	
会议主持人		记录人	
参会人员			
会议主要内容			

WENSHULIYI

项目八

文书礼仪

开篇案例导读

误事的请柬

　　某单位举行庆功联谊会，负责相关事务的工作人员给一些公司发送了请柬，邀请大家参加本次庆功联谊会，并准备了精美的礼品，用来感谢其平时对公司的支持与帮助。结果有些公司没有接受邀请，也就没有指派相关的人员来参加此次联谊会，活动自然不太成功。公司主要领导很困惑，经和有关各方面人士接触，具体问题包括两方面：方知所送请柬有问题。

　　一是落款时间用阿拉伯数字写，中间用顿号来代替年、月、日的汉字，给人以活动不正式、主人本身就不够重视的感觉。

　　二是请柬中的事由没有表达清楚，使人误以为是该公司的内部活动，别人可有可无，当然就不肯应邀前来了。

礼仪文书是在礼仪场合中所能使用的应用文体，它使用范围广、针对性强、礼仪周全、能表达真情实意。它在实际工作中扮演着举足轻重的角色，能交流感情、表达友谊、营造环境、活跃气氛，促进活动圆满完成。

分组讨论:

请柬在实际工作中有何作用? 它的书写格式是什么?

任务1 信函礼仪

▶ **知识目标**：掌握信函文书的写法
▶ **能力目标**：按要求撰写信函
▶ **情感目标**：体验文书书写的严谨性
▶ **学习重点**：掌握各类信函书写格式的要求

● **任务导入** ● ● ● ● ● ●

　　信函是书信的正式称呼。在正式的商务、政务等活动中，信函是一种应用极为广泛的书面交流形式，在实际工作中起着举足轻重的作用。因此，每一位同学都应该熟练掌握信函的书写和使用规范。

● **任务实施** ● ● ● ● ● ●

　　信函，即书信。信函属于应用文书的范畴，指借助于文字而形成的各种书面材料，是人们在生活中传递信息、互通情报、交流思想、处理事务的一种应用文体。它是人们日常生活和工作中不可缺少的人际交流工具，应用范围广泛。信函按性质分类，可分为一般性私人信函和专用性信函。按传播媒介的不同，信函还可分为电子邮件、普通书信等。其中，电子邮件因快捷等因素，正被越来越多的人采用。

一、信函的书写要求和格式

（一）一般书信

　　一般书信可分为称呼、正文、结尾、署名、日期五个部分，每个部分都有一定的格式。

　　（1）称呼。根据自己和收信人的关系，平时怎么称呼，在信中就怎么称呼。如给父亲写信，称呼就用"父亲"；写给老师的信、同学的信，称呼就用"老师""同学"。称呼要从第一行顶格起。称呼后面要加冒号（：），表示下面有话要说。

　　（2）正文。正文的开头应空两格，通常先写问候的话。如果是回信，先要写明来信收到，并对来信中提及的问题或要求办理的事情做出回答。如果写的事情较多，可以分段写，一件事情写一段。每段另起一行空两格书写。

（3）结尾。结尾处可根据写信人与收信人的关系，写上表示祝愿、勉励或敬意的祝颂语。如"此致敬礼""祝你健康"等，祝愿语一般分两行写，以"此致敬礼"为例，"此致"可以紧接正文之后写，不加标点，也可以另起一行空两格写"此致"不加标点，"敬礼"则一定要另起一行顶格写，应加上一个惊叹号（！），以表示祝颂的诚意和程度。

（4）署名。署名位于结尾的下一行的右边，署名的前面也可以写上与收件人相应的称呼，如"儿""女""兄""学生""同学"等。

（5）日期。可以写在署名的后面，也可以写在署名下一行的右边。最好写清年、月、日，以便查考。此外，如果信已经写完，又发现内容有遗漏，或某件事叙述不够全面，可在信的后面补写。但是在补写的话之前要加上"还有""另外""再"等字样，或在补写的话之后加上"又及"等字样。

信写好了，要寄出去，还必须要有信封。现在的标准信封是横写的。信封上面写收信人的邮政编码、地址；中间写收信人的姓名，空两格写上"同志"或"先生""女士"；下方写寄信人的地址、姓名及邮政编码。

（二）邀请信

邀请信既要表达邀请的盛情，又要就活动的时间、地点、方式、费用等有关事项做出必要的说明，以便相互间达成一致和谅解（也可另行专门协商）。有时还要在邀请信的后面附上联系人、联系方式和回执，要求回复，便于安排。

邀请信一般由标题、称谓、正文、结尾、落款组成。

（1）标题。标题一般放在第一行中间，也可以在左或右竖排，可采用艺术字，由活动名称和文种名称组成，还可包括个性化的活动主题标语。

（2）称谓。称谓位于第二行，顶格写。邀请信的称谓使用统称，并在统称前加敬语。如"尊敬的×××先生（女士）"或"尊敬的×××领导"。

（3）正文。正文从第三行开始，空两格起书写。在邀请信的正文中，邀请方需正式告知被邀请方举办活动的缘由、目的、事项及要求，写明活动的日程安排、时间、地点，并对被邀请方发出得体、诚挚的邀请。

（4）结尾。结尾处一般要写上邀请惯用语，如"敬请光临""欢迎光临"。

（5）落款。落款位于最后一行的右边。落款要写明礼仪活动主办单位的全称和成文日期，且日期不能用阿拉伯数字加顿号（、）来表示。如"2014 年 6 月 16 日"不能写成"2014、6、16、"。

（6）注意事项。

①被邀请者的姓名应写全，不应写绰号或别名。

②在两个姓名之间应该写上"暨"或"和"，不用顿号或逗号。

③应写明具体日期（×××× 年 ×× 月 ×× 日，星期 ×）。

④写明活动的地点。

⑤还可以在邀请信的后面附上联系人和联系方式。

例：

×× 学校建校 60 周年庆典邀请函

尊敬的 ×× 先生：

　　我校于 ×××× 年 ×× 月 ×× 日，在 ×× 市 ×× 县 ×× 学校举行建校 60 周年校庆典礼。届时，恭敬光临。

　　对您过去对我校发展的关心和支持表示诚挚的感谢，对您的即将莅临表示热烈欢迎！

×× 学校大会筹委会

×××× 年 ×× 月 ×× 日

　　×× 学校联系人：

　　联系电话：

（三）感谢信、感谢电和感谢公告

在结束对某国的访问的时候、在收到贺信或慰问信的时候、在收到友人馈赠或得到支援和协助的时候，应当向对方表示谢意。可以写信或致电表示感谢，有时候，也可以采取公告的方式致谢。

（1）**称呼**。称呼顶格书写，有的还可以加上一定的限定、修饰词，如"亲爱的"等。

（2）**问候语**。问候语独立成段，后面不可直接写正文。如"您好！""近来身体是否安康？"等。

（3）**正文**。正文是信的主体，可以分为若干段来书写。

（4）**祝颂语**。以一般的"此致""敬礼"为例。"此致"有两种书写格式：一是紧接主体正文之后，不另起段，不加标点；二是在正文之后另起一行空两格书写。"敬礼"写在"此致"的下一行，顶格书写，应该加上一个感叹号（！），以表示祝颂的诚意和程度。

（5）**署名和日期**。署名和日期写在祝颂语下方，间隔一至二行的距离，居于右侧。最好在写信人的姓名之前写上与收信人的关系，如"同学 ×××""你的朋友 ×××"等。日期写在署名的下一行，居于右侧。日期不能用阿拉伯数字加顿号（、）号来表示。如"2014 年 6 月 16 日"不能写成"2014、6、16、"。

能力拓展

一、知识能力检测

（一）填空

（1）书信的格式包括（　　）、（　　）、（　　）、（　　）、（　　）。

（2）信函按性质，可分为（　　）信函和（　　）信函。

（3）邀请信有时还要在后面附上（　　）、（　　）和（　　），要求回复，便于安排。

（二）思考

邀请信函的主体内容及结构是什么？

二、情景再现

王志是某高中高二年级的学生，因家长常年在外务工，王志一直住校。平时，王志总是和同学们嬉哈打闹、吃喝玩乐，很少跟父母联系。但一到临近期末，王志就会给父母写一封信，信的内容只有一段，没有称呼，也没有落款日期，大致内容就是生活费用紧张，希望父母能早些多寄点钱。父母看后直抹泪，十分伤心。

案例分析：王志的父母看到儿子寄来的信件，为什么十分伤心？试讨论，在校学生给父母写信，除了信的格式，还应注意哪些问题？

_____

_____

_____

三、实践训练

假定本月要举办一次学生联谊会，请向周边兄弟学校发出邀请函。

任务 2　柬帖礼仪

▶ **知识目标：** 掌握柬帖书写的具体要求

▶ **能力目标：** 按柬帖写法的具体要求制作请柬

▶ **情感目标：** 体验文书书写的严谨性

▶ **学习重点：** 制作请柬

▶ **任务导入** ● ● ● ● ● ● ●

　　柬帖是用于邀请公众参加庆典、宴会、纪念会、展览会等活动时使用的一种文书。它既属于我国传统的礼仪文书，也属于国际通用的商务社交文书。

▶ **任务实施** ● ● ● ● ● ● ●

　　请柬是人们举行吉庆活动或某种聚会时，为表示对客人的尊重，专门向邀请对象发出的邀请文书。请柬的内容由标题、正文、结尾、落款和日期组成。

　　（1）标题写在封面上，如"请柬""请帖"。

　　（2）正文是请柬的主体，要写明受邀请人的姓名和称谓。如"×××先生""×××女士"。要写明拟举行的活动的名称、内容、时间、地点及注意事项等。要尽量做到用词准确、精练、恳切、得体。

　　（3）结尾处空两格写上"敬请""恭候"等字样，再另起一行写上"光临""莅临"等字样。

　　（4）落款写在下方，由发柬者署名。再另起一行于请柬右侧注明日期，且日期不能用阿拉伯数字加顿号（、）来表示。如"2014年6月16日"不能写成"2014、6、16、"。

　　请柬写好后，最好提前一段时间发出，以便受邀者有安排时间的余地。

　　例：

> **请柬**
>
> 　　×××先生：兹订于2014年6月21日至6月23日，在××古镇大酒店召开"杨梅节"展销会，并于6月21日上午10时30分，在××古镇大酒店举行开幕典礼。

活动期间各位来宾可在杨梅树上自行采摘杨梅，免费品尝。敬备酒宴恭候。请届时光临。

××旅游开发有限公司

××××年××月××日

能力拓展

一、知识能力检测

（一）填空

（1）（   ）是人们举行吉庆活动或某种聚会时，为表示对客人的尊重，专门向邀请对象发出的邀请文书。

（2）请柬的内容由（   ）、（   ）、（   ）、（   ）和日期组成。

（3）请柬写好后，最好（   ）发出，以便受邀者有安排时间的余地。

（二）思考

柬贴书写有哪些礼仪要求？

二、情景再现

某单位要组织一次工作研讨会，安排小刘负责对外联络工作。临近研讨会正式举办时间不足一周了，小刘才把请柬发出。当天，参会人员没有把会场坐满，而且部分参会人员还没有住宿房间，会务当天不得不安排在其他酒店住宿。单位领导非常生气，责问小刘对外联络准备不充分，看了他制作和发出的请柬，才明白其中的原因。

案例分析：在对外联络过程中，小刘的请柬哪些地方出现了问题？

_____

_____

_____

三、实践训练

请按请柬的书写要求，为朋友或自己制作一张请柬，内容自己拟定。

 **任务3** **致词礼仪**

> **知识目标：** 掌握致词书写的礼仪要求
> **能力目标：** 结合实际撰写致词
> **情感目标：** 体验文书书写的严谨性及使用的广泛性
> **学习重点：** 致词的书写格式

▶ 任务导入 ● ● ● ● ● ●

致词，亦作"致辞"，是在特定场合中，如迎送宾客、重大节日、重要会议、开业典礼等活动仪式或集会上，宾主双方或一方所发表的表示欢迎、感谢、祝贺等的一种礼仪讲话。

▶ 任务实施 ● ● ● ● ● ● ●

一、常见的致词类别

（1）节日致词。例如：元旦致词、春节致词、五一劳动节致词等。

（2）庆典活动致词。例如：重大工程建设奠基、竣工典礼致词，工作交流会致词等。

（3）欢迎词、欢送词、答谢词。

（4）祝酒词、祝寿词、婚礼致词。

（5）文体活动致词。例如：文艺活动致词、联欢活动致词、体育活动致词等。

二、致词的写法

致词包括标题、称呼、正文、结尾四个部分。

（1）标题。第一行正中写标题，字体略大，一般为二号标宋字体。例如："在全市政协主席联席会上的致词"。标题正下方写上致词人的姓名、职务和时间，如"县委书记×××""××××年××月××日"。

（2）称呼。称呼顶格写。称呼要讲究礼仪，姓名要写全，要用尊称，即在姓名后加上职务或职称，在主宾姓名前加上表示亲切或敬意的修饰词，例如"尊敬的×××部长""尊敬的×××书记"。

（3）正文。例如：第一部分，即开头部分。对客人表示热烈欢迎、诚挚的问候和致意或感谢。第二部分，介绍××县（市）基本县（市）情。第三部分，介绍××县（市）经济社会发展概况。第四部分，结合本次会议主题，介绍分项工作开展情况和取得的成绩。

（4）结尾。一般写成"最后，预祝××会议圆满成功！祝各位领导、各位嘉宾心情愉快，身体健康，万事如意！谢谢大家！"

例：

在《文明礼仪常识》校本教材编撰专家论证会上的致词

尊敬的各位专家、各位领导、各位来宾：

大家下午好！今天，值此喜迎"十八大"和泸州人民正在创建四川省文明城市之机，我们在这里隆重举行《文明礼仪常识》校本教材编撰专家论证会，这是泸州财经学校发展史上的一件大事。在此，对各位专家、领导百忙之中到我校指导论证表示热烈的欢迎和衷心的感谢！向所有为论证会付出辛勤劳动的同志们表示崇高的敬意！

泸州财经学校创建于1954年，现有在校生2 600余人，在岗教职工111人，是一所全日制中专学校，是泸州市职教中心、市级文明单位、泸州市先进基层党组织、市级校风示范学校、国家职业技能优秀鉴定站、四川省先进职工之家，是四川省工商管理职业资格培训泸州唯一培训点。我校的会计电算化专业是省级重点专业。学校主要从事国家计划中专学历教育、各类短期培训，与西南财经大学等高校联办大专、本科，教学质量上乘，毕业生遍布泸州、宜宾等周边地区及全国。经市委市政府决定，我校入驻教科城统一规划，新校区校园占地面积20公顷，学校进入发展快车道。

随着经济社会和人民群众对优质中职教育的需求不断提高，2004年以来，学校以成人成才工程为重点，以学生行为礼仪养成为突破口，将文明礼仪教育贯穿于学校教育全过程。《中职学生养成教育内化研究》市级课题的成功申报和《文明礼仪常识》校本教材的形成和实践，提高了文明礼仪教育的针对性、实效性和规范性，文明礼仪教育成为我校德育教育的重要载体，践行了市教科所"以课题引领工作"的科研思路。学校多年来保持无学生恶性事件发生，问题学生的转化率不断提高，学生良好的行为礼仪受到用人单位的好评。课题的研究和校本教材的成型凝聚着课题组和全校师生的智慧和汗水，今天寄希望于各位专家、领导和来宾为教材把脉，为学校的发展支招，让我们一起来把学生文明礼仪教育做得更好。希望各位不吝赐教！祝愿各位专家、领导、来宾们身体健康，生活幸福！

 能力拓展

一、知识能力检测

（一）填空

（1）致词也叫（　　）。

（2）致词的书写格式包括标题、（　　）、（　　）、（　　）四个部分。

（3）文体活动致词包括（　　）、（　　）、（　　）致词等。

（二）思考

致词的书写格式是什么？

二、情景再现

临近高中毕业，班上召开了最后一次班会，班主任向全班同学作了别开生面的毕业致词，并将致词打印后发到每个学生手里，人手一份，让全班同学十分感动，倍受鼓舞。

毕业致词

亲爱的同学们：

在即将各奔东西的时候，请允许我这个不太称职的班主任再唠叨几句，也希望我给你们这最后的唠叨变成你们明天启程的祝福而不是积成你们心中的怨恨。

我唠叨的主题词有三个：感谢、告别和学会。

首先感谢在座的各位同学能陪我走过辛苦而又快乐的三年。你们的辛苦、无奈、彷徨和青春乍显的意气我都会永远记在心里；也感谢班里的部分同学能替我分担不少的工作。

天下没有不散的筵席，告别就在此刻到来。但我想告别实际上也是一件好事，没有告别，我们又怎能有新的抵达？你们要告别什么呢？要告别枯燥难懂的课堂、告别有臭味的宿舍、告别我们那随手一扔就造成的垃圾……这些不良的习惯和条件你们都可以告别；但有些告别是让你我都依依不舍的，如你们在这里呈现出的爱心（为生病职工捐款）、马永翔生病时你们的帮助……这一切，都是一去不复返的永恒！

筵席的最后一道菜，就是请同学们细细品味"学会"：我们要学会团结、尊重和互信；我们要学会舍弃、思考和适可而止的任性。非正能量的东西我们必须要舍弃，因为历来都是正胜邪；我们要有正确而独立的思考，否则我们的人生将永远生活在别人的诱惑中；我们的任性不适可而止，那我们将永远都长不大！

最后，希望大家走出学校的大门时，不管怎样，都要昂首挺胸，迎接未知的洪流！

案例分析：为什么全班同学十分感动，倍受鼓舞？这个班主任的毕业致词，哪些地方值得借鉴？

_____

_____

_____

三、实践训练

学校即将迎接一个参观团前来参观。校长对办公室工作人员写的欢迎会上的演讲稿不太满意，觉得不能很好地反映本校的特色。请你按欢迎词的书写要求为校长写一份欢迎词。

任务4 讣告与悼词礼仪

> ❯ **知识目标：** 了解讣告与悼词的格式和适应范围
> ❯ **能力目标：** 按要求撰写讣告与悼词
> ❯ **情感目标：** 体验文书书写的严谨性
> ❯ **学习重点：** 讣告与悼词的书写要求

▶ 任务导入 ● ● ● ● ●

　　讣告是把某人不幸去世的消息通知其亲属好友和有关方面的一种公告式文体。悼词，中国古代称之为"诔词""哀辞""吊文""祭文"等。现代悼词有广义和狭义之分，广义的悼词指向死者表示哀悼、缅怀与敬业的文章；狭义的悼词指在追悼会上对死者表示敬意、寄托哀思的专用哀悼文体。

▶ 任务实施 ● ● ● ● ●

一、讣告概述

　　讣告又称"讣闻"，是告知某人去世消息的一种丧葬应用文体。它是死者所属单位组织的治丧委员会或者家属向其亲友、同事、社会公众报告某人去世的消息。讣告要在向遗体告别仪式之前发出，以便让死者的亲友及时做好必要的安排和准备，如准备花圈、挽联等。讣告可以张贴于死者的工作单位或住宅门口，较有影响的人物去世，还可登报或通过电台向社会发出，以便使讣告的内容迅速而广泛地告知社会。

　　讣告一般均应写出以下内容：死者的姓名、性别、身份、去世原因、详细时间、地点、终年岁数等要素。有时，个别讣告要根据具体情况，还要写死者的简历、举办丧事的时间、地点以及其他一些要求。讣告落款部分，即发讣告的单位名称或治丧委员会全称或死者家属的称呼和姓名以及发讣告的日期。

　　写讣告时应注意下面两点：①按传统习惯，写讣告只能用黄、白两种纸。一般情况，长辈之丧用白色纸，幼辈之丧用黄色纸。②讣告的语言要求简明、严肃、郑重，以体现对死者的哀悼。

二、讣告的分类

常见的种类主要有一般式讣告（又称普通式讣告）、公告式讣告和新闻式讣告（又称消息式讣告）三种形式。本书只介绍一般式讣告，它是日常生活中最常见、最普遍的一种。旧式讣告为竖式，即从上到下，从右至左竖排竖写，落款在左，称谓也用古词。如父亲去世称"考"，母亲去世称"妣"，尊者去世称"享年"，一般人去世称"终年"。现代的讣告均采用从左至右，从上到下横排横写。其格式如下：

（1）在第一行正中间用大于正文的字体写上"讣告"二字。

（2）第二行开始空两格写讣告的内容，主要包括死者的姓名、身份，去世的时间、地点以及终年岁数。一般情况下，"享年"是敬辞，意思是享受过的有生之年，一般用于领导、长辈或年岁较大的人；"终年"是中性词，不带感情色彩，用法较为广泛。

（3）应写明死亡原因。如是因病还是因其他事故死亡。若是因病，还应写明医治情况。"逝世"一般用于领导和长辈；"去世"一般用于普通人。

（4）写明殡葬的时间，或开追悼会的时间、地点。此外，还应在结尾部分写明发讣告的团体或个人的姓名及发讣告的时间。

例：

讣告

××镇原党委书记×××同志因患肺癌医治无效，不幸于××××年××月××日××时××分逝世于××医院，享年八十四岁。今定于××××年××月××日××时在××火葬场火化，并遵循×××书记的遗愿，一切从简。特此讣告。

××镇人民政府

××××年××月××日

三、悼词概述

宣读体悼词主要由标题、正文、落款三部分构成。

（1）标题。标题的组成方式有两种情况：一种是直接由文种名称承担标题，如《悼词》；另一种由死者姓名和文种名称共同构成，如《在宋庆龄同志追悼会上的悼词》。

（2）正文。悼词的正文通常由开头、中段、结尾三部分构成。

①开头。首先，以沉痛的心情说明召开或参加此次追悼会的目的，尽可能全面而准确地说明死者的职务、职称和称呼，以示尊重。要注意这些称呼之间的先后排列顺序。其次，简要地概述死者何年、何月、何日、何时，因何原因与世长辞，以及所享年龄等。

②中段。中段用于承接开头、缅怀死者。中段是悼词的主体部分。该部分主要由两部分组成。一是介绍死者的生平事迹，即死者的籍贯、学历以及生平业绩，应突出死者对人民、对社会的贡献。二是对死者的思想、精神、作风、品质、修养等做出综合的评价，介绍其对他人和社会产生的积极影响。如鼓舞、激励了青年人，为后人树立了榜样等。该部分可先概括地说，再具体介绍；也可先具体地介绍，再概括总结。

③结尾。主要写明生者对死者的悼念及如何向死者学习，继承其未竟的事业，化悲痛为力量，为国家、为社会做出更大的贡献等内容。最后写上"永垂不朽""精神长存"之类的话。悼词的结尾要积极向上，不应该是消极的。所以最后的结尾尽量不用"安息吧"这句话。

（3）落款。悼词一般在开头就已介绍了参加追悼会的人员情况，所以悼词的最后一般只署上成文的日期即可。

例：

在家父×××追悼会上的悼词

各位领导、各位亲朋好友、各位来宾：

大地呜咽颔首，天空滴泪含悲。

今天我们怀着十分沉痛的心情深切悼念家父×××。

家父因患肺癌医治无效，于公元 2014 年 6 月 3 日 20 时 40 分（农历甲午年 5 月 6 日戌时）在合江县人民医院去世。慈父走完他 84 年的人生之路，驾鹤西去，命赴黄泉，魂归天国，恒享千古。

家父于公元 1930 年 6 月 18 日出生在一个农民家庭，1957 年参加工作，1982 年 9 月退休。

青年时代的家父和许许多多同龄人一样饱经了苦难、贫困生活的煎熬和考验，由于生活所迫，他十来岁时就弃学回家种田。少年不幸的父亲成家后和母亲含辛茹苦养育了我们兄妹四人。26 岁前，父亲生活在福宝镇修竹分水岭的一个小乡村。兄弟姐妹多人组成一个大家庭，靠种几亩薄田和下力度日。

27 岁后父亲参加工作，先后在大亨村任村支部书记，在福宝乡任党委副书记，在修竹乡、天堂坝乡、骑龙乡等地任党委书记。在天堂坝乡工作期间（那时天堂坝到福宝不通公路），每回一次家来回要走 60 多公里的山路，有时周末下班回家一次，到家已经是第二天凌晨 3 点多钟了，和我们连话都没说上一句，等我们醒来时又走了。但他从不在我们兄妹面前叫一声苦，道一声累。父亲在工作上兢兢业业、任劳任怨，为人谦逊、和蔼可亲，深得上级领导的信任，以及群众的爱戴和拥护。

1982 年，父亲办了退休手续，从此过上了安定祥和的晚年生活。多年来，父亲一直有高血压，但他比较注意锻炼身体，一直比较健康。但晚年的父亲毕竟是八秩高龄，耄耋之人，哪里经得起折腾？ 2013 年 3 月 6 日，父亲突然发病被送进泸州医学院，经检查确诊为肺癌晚期。此后，父亲一直在同病魔抗争，经历了 1 年又 3 个月的折磨，终于撒手人寰。

父亲的一生朴实平凡。但是，他清清白白做人，踏踏实实做事。也为后人树立了榜样，是子女最宝贵的精神财富。特别是在重重困境中，百折不挠，撑起家庭，教育子女的这种毅力，值得后人效仿。

父亲停灵那天，天空风雨飘摇，莫不是天地与我们同悲？时夜，为父守灵。凝望父亲的遗像，父亲生前的音容笑貌，不停地在脑海中浮现；幕幕舐犊情深的画面，又浮现在我们的眼前。我们四兄妹读书时，父亲以一个人的每月 20 余元的微薄工资，维持全家六口人的生活。每月发工资后，父亲的第一笔开销总是我们的住校生活费用，从不延误。父亲以其血汗抚养我们成人，为我们的人生之路铺满了鲜花。今天，在您的遗像前，我也为您铺满了鲜花。可是，此花非彼花。您的"鲜花"，我受用一辈子；我的鲜花，只是为您摆放一阵子。我只知道有一样是真的：您昔日的血汗，都化作了我眼中的泪。否则，为何我的泪不能自禁呢？

我们的父亲就这样走了，唯余桑梓，儿女撕心裂肺、痛心疾首，一时多少言语，竟不知如何诉说。

父亲一生与人为善、与世无争，在他老人家的教导和影响下，我们兄妹四人无论是在外上班的还是务农的，都是本本分分、堂堂正正。

追念父亲一生，我们十分悲痛，正当我们兄妹要敬奉您、报答您的时候，您老人家却匆匆离开了我们。父亲啊，您老人家只在世上走过84年，为什么就这样结束了自己的一生？我们千声哭，万声喊，哭喊我们敬爱的父亲，我们的心都要碎了。女儿不孝，未能在床前朝夕伺候，就在您离开我们的头一天，我来看您，向您告别时，您叫我不要走，想不到这一别就成了永别，我却没留下陪您度过最后的时光，我好后悔啊！我对不住您啊！我们还没有来得及回报您的养育之恩，我们还没有让您享受人生的幸福。您老人家为什么就这样走了啊？

父恩如山，母恩似海，空留孝心，儿女们无以为报，痛心疾首啊！想着从此后

再也不能目睹家父音容，儿女们失声痛哭、泪流满面；想着子欲养而亲不在，儿女痛心疾首，心如刀绞！

如今儿女们再也不能回报家父之恩，万千泪水也难报家父养育之情。愿家父在天之灵能体谅不孝儿女们的思念之苦，以及天人分离的无限悲伤。

敬爱的父亲，您老放心吧，一路走好，我们一定会牢记您老人家的教诲，教养好儿女，兄妹团结，勤俭持家，为国家、集体、乡亲们贡献我们的力量。

父亲，您老的精神长存！

不孝女儿：×××，愚婿：××× 携儿孙泣叩

2014 年 6 月 7 日

能力拓展

一、知识能力检测

（一）填空

（1）（　　）就是告知某人去世消息的一种丧葬应用文体。

（2）讣告一般均应写出以下内容：死者的姓名、性别、身份、（　　）、（　　）、（　　）、（　　）等要素。

（3）宣读体悼词主要由三部分构成，即（　　）、（　　）、（　　）。

（二）思考

悼词和讣告的格式主要包括哪几个部分？

二、情景再现

单位小张 3 岁时父亲就因一次事故去世了，他从小就与母亲相依为命，跟母亲的感情特别好。不久前，小张的母亲检查出得了癌症，并且已是晚期，最终因病去世，小张悲痛万分。

案例分析：假设你是小张的朋友，请为小张的母亲写一份悼词。

_____

_____

_____

三、实践训练

阅读下面文字，结合所学知识，对该则讣告进行修改。

讣告

×××厂老工人王××同志，因长期患肝硬化，经多方医治无效，于二零一四年元月五日上午九时二十分逝世，终年××岁。

王××同志自参加工作以来，工作一贯负责，积极肯干，多次被评选为先进生产者，深受全厂职工的尊敬和好评。他的病逝，使我们失去了一个好同志。为了寄托我们的哀思，兹定于明天上午九时在本厂礼堂开追悼会，希望王××同志生前好友届时参加。

任务5 题词与祝辞礼仪

》 **知识目标：** 了解题词与祝辞的格式和适应范围

》 **能力目标：** 按要求撰写题词与祝辞

》 **情感目标：** 体验文书书写的严谨性

》 **学习重点：** 题词与祝辞的书写要求

▶ 任务导入 ● ● ● ● ● ●

　　题词，也称题辞，是礼仪类应用文体之一，是为了给人、物或事留作纪念而题写的文字。祝辞，也称祝词，泛指在各种喜庆场合中对事情表示祝贺的言辞或文章。祝辞和贺辞在某种场合可以通用。

▶ 任务实施 ● ● ● ● ● ●

一、题词的分类

（一）给人题词

（1）给英雄人物题词。

（2）长辈对晚辈题词。

（3）同辈之间题词。

（二）给物题词

（1）给自然景物题词。

（2）给建筑物题词。

（3）给日常用品题词。

（4）给书籍题词。

（三）给事题词

　　给事题词一般是指给某个单位或某项事业题词，题词者往往是领袖、学者、专家或社会上德高望重者。如1992年教师节时，江泽民总书记给北师大师生的题词："吸收和借鉴人类文明的一切优秀成果，谱写中国教育的新篇章。"1998年10月7日，朱镕基总理为"焦点访谈"题词："舆论监督，群众喉舌，政府镜鉴，改革尖兵。"给予了"焦点访谈"节目高度评价。

二、祝辞的分类

根据祝贺内容的不同，祝辞可以分为祝事业、祝酒、祝寿、祝婚、祝节日等类型；根据表达形式的不同，可以分为韵文诗、词体和散文体。

（1）祝事业。多用于重大会议开幕、工厂开工、商店开业、展览剪彩以及其他纪念活动等，祝愿此事业顺利进行，早日成功。

（2）祝酒。用于宴会、酒会上，传达祝酒者美好的愿望。

（3）祝寿。一般是对祝寿对象表示良好的愿望，希望他们健康长寿。

（4）祝婚。一般是祝愿新婚夫妇幸福美满。

三、祝辞结构

散文体祝辞的写作格式一般由标题、称呼、正文、结束语、落款五部分组成。

（1）标题。标题写在第一行居中的位置，通常有两种写法：一是直接写《祝辞》；二是写出具体祝贺的内容，如《××市长在××市××晚宴上的祝辞》。

（2）称呼。称呼在标题之下第一行顶格书写，以示尊重。对人的称呼按照书信写作的要求来写即可；祝事业的直呼单位或部门名称即可，要注意称呼的先后顺序和亲切感。

（3）正文。正文是祝辞的核心。这部分写法比较灵活，针对不同的祝贺对象、不同的祝贺动机，写出相应的祝贺内容。

（4）结束语。正文结束后常用一句礼节性的祝颂语结束全文。如《为庆祝朱总司令六十大寿的祝辞》最后的结束语是"人民祝你长寿！全党祝你长寿！"

（5）落款。最后在正文的右下方署祝者的名称（单位或个人），以及发祝辞的年、月、日。如果在标题部分已注明，此处可省略。

例：

尊敬的各位来宾，各位亲朋好友：

春秋迭易，岁月轮回，当甲申新春迈着轻盈的脚步向我们款款走来的时候，我们欢聚在这里，为我尊敬的奶奶共祝八十大寿。

在这里，我首先代表所有亲朋好友向奶奶送上最真诚、最温馨的祝福，祝奶奶福如东海，寿比南山，健康如意，福乐绵绵，笑口常开，益寿延年！

风风雨雨八十年，奶奶阅尽人间沧桑，她一生中积累的最大财富是她那勤劳善良的朴素品格，她那宽厚待人的处世之道，她那严爱有加的朴实家风。这一切，伴随她经历了坎坷的岁月，更伴随她迎来了今天晚年生活的幸福。

嘉宾旨酒，笑指青山来献寿。百岁平安，人共梅花老岁寒。今天，这里高朋满座，

让寒冷的冬天有了春天般的温暖。

最后还是让我们献上最衷心的祝愿，祝福老人家生活之树常绿、生命之水长流，寿诞快乐，春辉永绽！

祝福在座的所有来宾身体健康、工作顺利、阖家欢乐、万事如意！谢谢大家！

×××× 年 ×× 月 ×× 日

四、常见祝词

（1）贺新婚：天作之合　心心相印　永结同心　相亲相爱　百年好合

（2）贺嫁女：淑女于归　于归协吉　之子于归　百吉御之　凤卜归昌

（3）祝男女寿：九如之颂　松柏长青　福如东海　寿比南山　南山献颂

（4）祝夫妻双寿：福禄双星　日年偕老　天上双星　双星并辉　松柏同春

（5）祝男寿：东海之寿　南山之寿　河山同寿　南山同寿　天保九如

（6）祝女寿：王母长生　福海寿山　北堂萱茂　慈竹风和　星辉宝婺

（7）贺生子：天赐石麟　啼试英声　石麟呈彩　弄璋之喜　德门生辉

（8）贺双生子：双芝竞秀　璧合联珠　玉树联芬　棠棣联辉　班联玉笋

（9）贺新居落成：秀茁兰芽　玉笋呈祥　瓜瓞延祥　饴座腾欢　兰阶添喜

（10）贺商店开业：骏业肇兴　大展经纶　万商云集　骏业日新　骏业崇隆

（11）贺金融界：裕国利民　欣欣向荣　辅导工商　金融枢纽　服务人群

（12）贺医界：万病回春　活人济世　功同良相　仁心良术　着手成春

（13）赠政界：政通人和　为国为民　造福人群　丰功伟绩　口碑载道

（14）贺当选：自治之光　众望所归　为民喉舌　为民前锋　宏扬法治

能力拓展

一、知识能力检测

（一）填空

（1）（　　）主要用来对作品表示赞许、进行评价或叙述读后感想。

（2）根据祝贺内容的不同祝辞可以分为（　　）、祝酒、（　　）、（　　）、（　　）等类型；根据表达形式的不同，可以分为韵文诗、词体和（　　）。

（3）（　　）题词是长辈对晚辈表示关怀、奖掖、勉励的一种方式。

（二）思考

散文体祝辞的写作格式是什么？

二、情景再现

李维和王志是好朋友，从小学到高中都是同班同学，现在高考结束了，他们分别被成都和北京的两所大学录取。面对分别，李维想在王志马上过生日的时候对他表达不舍之情。

案例分析：请你代李维写一份祝辞。

_____

_____

_____

三、实践训练

为家里长辈生日或大寿时，写一篇祝寿辞。

项目九

港澳台地区礼仪

开篇案例导读

乘车座次显尊重

　　前不久，我在香港结识了两位朋友——余教授和谢教授。他们分别定居在台湾和香港，其礼仪之道值得学习。一次，我们一同乘坐谢教授的车出行，回程时，余教授非要我坐在前面和谢教授并排，而在来时是他坐前面的。考虑到在内地往往是坐前面的人更重要一些，所以我推辞了很久，但最后还是被余教授推上了前面的座位。路上，他们给我讲了乘车的讲究。原来，在社交礼仪中，拒绝坐在前面是对主人亲自驾车的不尊重。我们出来时，余教授坐在前面，既显示了他对谢教授的尊重，同时也意味着他们交往的时间比我长，可能更熟悉一些。而回来的时候，让我坐在前面，是避免我觉得被疏远，同时表达了我对驾车者谢教授的尊重。

情景导入

　　坐车不仅仅是"坐过去"那么简单，如果毫不注意地坐错了位置，腿脚放错了地方，或是说了不适当的话，那完美形象可就要像刚刚把你送到目的地的车一样绝尘而去了。我国港澳台三地在风俗习惯和生活方式方面，受各自人口迁移的影响，都有其各自的礼俗。在公共场合，不懂礼就会失礼，失礼就会令宾主双方都难堪。只有了解并尊重其不同的风俗习惯，才有利于彼此的交往。

课堂互动

　　分组讨论：
　　请问大家还了解哪些港澳台地区的风俗习惯？到港澳台地区旅行要注意哪些礼仪方面的问题？

 **任务1** **香港风俗礼仪**

▶ **知识目标：** 掌握香港地区的风俗礼仪和禁忌

▶ **能力目标：** 了解内地和香港地区不同的风俗习惯，增加见识

▶ **情感目标：** 开阔学生视野，激发爱国情操

▶ **学习重点：** 香港地区不同于内地的风俗禁忌

▶ **任务导入** ● ● ● ● ●

　　香港、澳门、台湾地区在政治、经济和文化体制上有诸多类似，且有别于中国大陆（内地）。在风俗习惯和生活方式方面，受各自人口迁移的影响，都有其各自的礼俗。只有了解并尊重其不同的风俗习惯，才有利于彼此的交往和祖国的大团结，促进祖国的繁荣富强。

▶ **任务实施** ● ● ● ● ●

一、香港的礼俗

　　（1）香港的官方语言是英语，但大部分人精通粤语，近年来流行普通话。称呼普遍使用西式称呼，即"先生""夫人""太太""小姐"之类。

　　（2）特别注意个人隐私，朋友不管关系多好，都不侵犯别人的隐私；朋友之间流行AA制。

　　（3）人们见面、告别时行握手礼。

　　（4）最乐于追求的数字是"3"和"8"。"3"代表"生"，寓意生财、生龙活虎；"8"代表"发"，寓意发财、发达。

　　（5）初次见面最好送些小礼品，可选择食品、笔架、儿童书籍或有地方特色的产品。礼品要包装好，赠送时双手奉上。

二、香港的节庆习俗

　　（1）有与内地相同的传统节日：如元旦、清明节、五一劳动节、端午节、中秋节等。

　　（2）有自己独特的节日，如香港国际龙舟节。每年6月，香港国际龙舟节在端午节的一至两星期之后举行。

三、香港的风俗禁忌

（1）用膳时，手肘不可横抬或枕在桌上。

（2）不可"飞象过河"，即不可伸筷取远处碟子中的菜。饮酒吃菜时，不宜手不离筷。

（3）喝汤不要发出声响，餐毕碗中不要留食。

（4）上鱼时，鱼头要对着客人的方向，吃鱼时不要翻转鱼身（寓"翻船"之意）。

任务拓展

在很多国家和地区的餐饮礼仪当中，都讲究吃鱼时不要把鱼翻过来，而是在吃完鱼的上面一面后，把鱼大骨拿掉，再继续吃下面的鱼肉，忌讳"翻"。

吃鱼时忌讳"翻"，这种忌讳始于渔家，翻鱼让人联想到翻船，是非常不吉利的事情。有时客人不知道这种忌讳，在吃鱼的时候把鱼翻了一面，主人会很生气，还要把鱼拿去重煮一遍。

有的地方忌讳"翻鱼"的动作，有的地方忌讳说出"翻"字，当人们用筷子将鱼翻过来时，会说"顺鱼"（把鱼顺过来），还有的地方会说"正鱼"。有的地方，动作和语言都忌讳"翻"。

内陆少水少鱼地区，从前多半并不讲究，可是后来开汽车的人多了，也渐渐开始忌讳翻鱼了，但和翻船无关，而是和翻车有关。

在某些地方，人们把鱼从头开始倒转一面，叫做"掉头"，是出海安全回来的意思。

有的地方吃鱼，还有鱼头朝屋里的讲究。因为鱼头朝外，"余"就从门口溜出去了。

（5）对菜名亦有很多忌讳，不吉祥的名字都会改个吉祥的叫法。

（6）会见亲朋好友忌伸"香蕉手"（香港民间对空手上门的客人称为"香蕉手"，意为两手空空，让人看不起）。

（7）探望病人，礼品忌用白色或红色包装，因为白色为丧色，红色象征流血；另外颜色上忌蓝色，因为它表示哀悼。

（8）忌讳"13"，如高楼的电梯不标13层。

 任务2 澳门风俗礼仪

> **知识目标：** 掌握澳门地区的风俗礼仪和禁忌
> **能力目标：** 了解内地和澳门地区不同的风俗习惯，增加见识
> **情感目标：** 开阔学生视野，激发爱国情操
> **学习重点：** 澳门地区不同于内地的风俗禁忌

▶ **任务实施** ● ● ● ● ● ● ●

一、澳门的礼俗

（1）澳门的官方语言是汉语和葡萄牙语，日常用语以汉语和粤语为主。

（2）酒店要求客人穿着要整齐，不可穿短裤、休闲服。

（3）"18""1688"等数字在澳门备受青睐。

二、澳门的节庆习俗

（1）农历新年：澳门居民吃过"团年饭"后喜欢逛花市，喜欢买牡丹、桃花、水仙等。

（2）关帝诞：在澳门，"关帝诞"是重要的习俗节日，除农历五月十三日外，还有六月二十四日。每年此时，澳门关帝庙都会举行神功戏或祭祀仪式，信仰者家家都要在关帝像前献花烧烛，置放供品，一些社团和商店则举行各种庆祝活动，包括舞狮、舞龙等。

（3）华光诞：农历九月二十八，澳门一些街巷会请巫师、和尚诵经，跳神驱鬼，舞狮舞龙，供奉华光神像的莲溪庙则一定会举行酬神演戏活动。

（4）澳门人敬仰妈祖，供奉妈祖的庙宇有10多间。

（5）"谢灶"是澳门保存下来最传统的中国年俗之一。腊月二十三日送灶神，澳门居民谓之"谢灶"。

（6）澳门居民过年是从腊月二十八开始的，腊月二十八日在粤语中谐音"易发"，商家老板大都在这天晚上请员工吃"团年饭"，以示财运亨通、吉祥如意。

（7）除夕之夜，守岁和逛花市是澳门居民辞旧迎新的两件大事。

（8）春节这天，澳门居民讲究"利市"。"利市"就是红包，春节当天老板见到员工、长辈见到晚辈，甚至已婚人士见到未婚人士，都得"利市"，以示吉利。

（9）澳门居民把大年初二叫做"开年"，习俗是要吃"开年饭"。餐饭必备发菜、生菜、鲤鱼，意在生财利路。

（10）从"开年"这天起三天内，澳门政府允许公务员"博彩"（赌博）。

（11）"开年"过后，澳门又完全回到中国传统春节习俗中，直至元宵佳节，期间燃放烟花爆竹、舞龙舞狮，欢天喜地。

三、澳门的风俗禁忌

（1）澳门居民喜欢赌博，不能说关于输的词。

（2）忌讳"13"，要是某个月的13日碰巧又是星期五，人们会特别小心谨慎。

（3）按澳门的习俗，生日不得提前祝贺。

（4）年龄、职业、婚姻状况、宗教信仰甚至个人收入都是隐私。

（5）大年初一不能扫地，不然会扫走"财气"，如果非扫地不可的话，也要由外向内扫，以象征聚财。

任务3 台湾风俗礼仪

▶ **知识目标：** 掌握台湾地区的风俗礼仪和禁忌

▶ **能力目标：** 了解大陆地区和台湾地区不同的风俗习惯，增加见识

▶ **情感目标：** 开阔学生视野，激发爱国情操

▶ **学习重点：** 台湾地区不同于大陆地区的风俗禁忌

▶ **任务实施** ● ● ● ● ● ●

一、台湾的礼俗

（1）普通话和闽南语为台湾各地的通用语言。

（2）拜访应事先约定，并准时赴约。

（3）上门做客应带上礼物。

二、台湾的节庆习俗

（1）传统节日与大陆地区相同，以台南盐水镇元宵节燃放的"蜂炮"，澎湖元宵节的"乞龟"最为有趣。

（2）3月23日前后是规模盛大的"妈祖祭"，7月整月的"盂兰会期"（各地轮流做普渡）以祭祖为重。

（3）以清明和除夕时的寻根念祖之气氛最为浓烈——没有祖宗就没有祖国，没有祖国就没有台湾。

三、台湾的风俗禁忌

（1）同姓不结婚。"周、苏、莲""陈、胡、姚""徐、佘、涂"各自三姓之间，以及"萧、叶""许、柯"各自两姓之间被认为属同一祖先，也互不通婚。

（2）对高山族的人，当面不称高山族，而称"原住民"。

（3）忌讳数字"4"。

（4）不过问他人宗教信仰。

（5）不说"蛇"（赊），一般说"长长的"，不说不吉利的话。

（6）忌讳用手巾、扇子、雨伞、剪刀、粽子、甜果赠人，忌将鸭子赠坐月子的妇人。

能力拓展

一、知识能力检测

（一）判断题

（1）香港人最喜欢的数字是"3"和"8"。（　　）

（2）香港人在接受别人斟酒或倒茶时，总喜欢用几个指头在桌上轻叩，这个叫叩指礼，是他们在向斟酒或倒茶的人表达谢意。（　　）

（3）香港国际龙舟节设在每年7月。（　　）

（4）按澳门的习俗，生日不得提前祝贺。（　　）

（二）思考

（1）简述港澳台地区的禁忌有哪些？

（2）简述港澳台地区有哪些节庆风俗礼仪？

二、情景再现

小王成绩优异，被香港大学录取了，到校报到后，小王高兴地来到香港亲友家。初次登门，小王不知该买什么礼物，干脆空手上门。亲友邀请小王就餐，小王喜欢吃鱼，把一条鱼翻来翻去，吃得干干净净，因为鱼吃得过多，碗里还剩下半碗米饭。亲友虽没说什么，但父母得知后，直怪小王不懂事。

案例分析：为什么父母得知小王到香港亲友家做客的表现后，直怪小王不懂事？他的行为有哪些地方不妥？

_____

_____

_____

三、实践训练

假定小王是导游，春节期间带大陆游客去澳门旅游，在到达澳门前，小王应该跟游客交待哪些注意事项？

项目十

涉外礼仪

开篇案例导读

总理送客，礼数周全

1962年，周恩来总理到西郊机场为西哈努克亲王和夫人送行。亲王的飞机刚起飞，我国参加欢送的人群便自行散开，各自找车准备返回，而周恩来总理这时却依然笔直地站在原地未动，并要工作人员立即把那些登车的同志请回来。

这次周总理发了脾气，他严厉起来了，狠狠地批评："你们怎么搞的，没有一点礼貌！各国外交使节还在那里，飞机还没有飞远，客人还没有走，你们倒先走了。大国这样对小国客人不是搞大国主义吗？"当天下午，周总理就把外交部礼宾司和国务院机关事务管理局的负责同志找去，要他们立即在《礼宾工作条例》上加上一条，即今后到机场为贵宾送行，须等到飞机起飞，绕场一周，双翼摆动三次表示谢意后，送行者方可离开。

情景导入

在当今社会，国人与外宾交往越来越频繁，各国文化传统、风俗习惯千差万别，礼仪也不尽相同。在对外交往中，既要维护本国优良的文化传统和民族自尊心，又要做到对别国文化传统和风俗习惯的尊重。因此，与外宾交往的一言一行、一举一动，都应符合涉外礼仪规范，以维护国家的尊严、形象和声誉，进一步促进友好往来。

课堂互动

分组讨论：

周恩来总理在西郊机场为什么会发脾气？涉外交往中，你知道哪些国际交往的礼仪？

 任务 **1** 涉外礼仪的基本要求

➤ **知识目标：** 掌握涉外礼仪的基本要求
➤ **能力目标：** 通晓涉外礼仪
➤ **情感目标：** 维护自身和国家形象，展现良好风貌
➤ **学习重点：** 涉外礼仪的六大基本要求

▶ **任务导入** ● ● ● ● ● ●

　　涉外礼仪，不仅要求人们在对外交往中以礼待人，还要求人们对世界各国的传统文化、风土人情、名俗禁忌有广泛的了解。随着对外开放的不断扩大，国人与外宾交往的机会越来越多，这就需要我们以通晓异国之礼仪来增进友谊、促进合作。

▶ **任务实施** ● ● ● ● ● ●

一、入乡随俗，尊重隐私

　　（1）在涉外交往中，当自己身为东道主时，通常讲究"主随客便"；而当自己的身份是客人时，又应该讲究"客随主便"。从本质上讲，这两种做法都是对"入乡随俗"原则的具体落实。

　　（2）在与外国人打交道时，我们一定要充分尊重对方的个人隐私权。在言谈之中，对于凡涉及对方隐私的一切问题都应当自觉地、有意识地予以回避。

二、维护形象，不卑不亢

　　（1）在国际交往中，最合适的表情应是亲切、热情、友善和自然的。同时，也应令

自己的举止文明优雅，服饰规范得体。

（2）在与外国朋友交谈时，要注意自己的谈吐，自觉放低音量。

（3）在待人接物方面，要善于理解人、体谅人、关心人和尊重人。

（4）言行应从容得体、堂堂正正，不应表现得畏惧自卑、低三下四，也不应表现得狂傲自大、目中无人。

三、女士优先，以右为尊

（1）在一切社交场合，每一名成年男子都有义务主动自觉地以自己的实际行动去尊重、照顾、体谅、关心和保护女性，尽心竭力为女性排忧解难。

（2）以右为尊，这是国际礼仪中最基本的一项礼仪。

四、信守约定，勇于承担

在涉外交往中，要真正做到"信守约定"，需要在三方面身体力行地严格要求自己：

（1）许诺要谨慎，承诺要兑现，违约要道歉。

（2）在许诺时一定要深思熟虑，量力而行，对于自己已经做出的承诺务必认真遵守。

（3）如果由于难以抗拒的因素自己单方面毁约，应该尽早通知有关各方，如实解释并致以歉意，主动承担责任。

五、讲究公德，注重环保

（1）环保意识属于社会公德的范畴。在国际交往中，有无环保意识是用来衡量一个人有无教养、讲不讲文明的重要标志。

（2）特别要注意不可损毁自然环境、不可损坏公物、不可虐待动物、不可乱堆乱挂私人物品、不可任意制造噪音等。

六、注意礼节，施礼恰当

（一）称呼

（1）在国际交往中，一般对男子称先生，对女子称夫人、女士、小姐。

（2）已婚女子统称夫人，未婚女子统称小姐。对不了解婚姻情况的女子可称女士，对戴结婚戒指且年纪稍大的女子可称夫人。这些称呼可冠以姓名、职称、头衔等。

（二）见面礼节

（1）亲吻礼。亲吻不同于接吻，双方因相互关系的不同，亲吻时接触的具体部位亦各不相同：长辈与晚辈亲吻时，长辈吻晚辈的额头，晚辈则吻长辈的下颌或面颊；同辈同性之间贴面颊（先贴一次右侧，再贴一次左侧），同辈异性之间吻面颊；关系亲近的女士和至亲好友间也可以吻面颊；夫妻或情侣之间吻嘴唇；遇到喜事或悲伤时，一般也行亲吻礼，以示真诚祝贺或慰问。

（2）拥抱礼。拥抱礼就是欧美国家的一种见面礼，多用于迎送宾客或表示祝福、感谢等场合，通常与接吻礼同时进行。要是在普通场合，以拥抱为礼，则不必如此讲究，只要将热情、好意表达出来就行。

（3）吻手礼。吻手礼是流行于欧美上流社会异性之间的一种最高层次的见面礼。注意事项如下：行吻手礼时，男士行至女士面前，距离约80厘米；男士首先立正欠身致敬，女士将右手轻轻向左前方抬起约60度；男士以右手或双手轻轻抬起女士的右手，同时俯身弯腰以自己微闭的嘴唇象征性地轻触一下女士的手背或手指；行吻手礼要稳重、自然、利索，不发出声音；吻手礼仅限于室内，而且主要是男士向已婚女士表示的一种敬意；在法国、波兰和拉美的一些国家，向已婚女士行吻手礼是男士有教养的表现。因此，在涉外场合，如果外方男士向中方女士行吻手礼时，应礼貌地予以接受。

（4）合十礼。合十礼亦称合掌礼，即双手十指相合为礼。合十礼通行于一些信奉佛教的国家。平辈间行合十礼，双手合十，举至齐胸；对尊贵的客人行合十礼，双手举至鼻颌之间；礼佛时行合十礼，双手可以举至额头之上，平时原则上双手不可高于额头。

（5）抚胸礼。抚胸礼又称按胸礼，一般是指以手部抚按于胸前的方式向他人致意，抚胸礼具有一定的宗教含义，在信奉基督教、伊斯兰教的国家普遍流行。行抚胸礼的动作要领如下：上身稍许前躬；注视交往对象或目视正前方；头部端正或微微抬起；右手手掌掌心向内、指尖朝向左上方，将其抚在自己的左胸之上。

能力拓展

一、知识能力检测

（一）填空

（1）在涉外交往中，当自己身为东道主时，通常讲究（   ）；而当自己的身份是客人时，又应该讲究（   ）。

（2）在一切涉外社交场合，（   ）是国际礼仪中最基本的一项礼仪。每一名成年男子都有义务主动自觉地以自己的实际行动去尊重、照顾、体谅、关心和保护女性，尽心竭力为女性排忧解难。

（3）在涉外交往中，特别要注意不可损毁（   ）、不可损坏公物、（   ）、不可乱堆乱挂私人物品、不可任意制造噪音等。

（二）思考

阐述掌握涉外礼仪的六大基本要求。

二、情景再现

在一个秋高气爽的日子里，某宾馆迎宾员小贺，穿着一身剪裁得体的新制服，第一次独立地走上了迎宾员的岗位。一辆白色高级轿车向饭店驶来，司机熟练而准确地将车停靠在饭店豪华大转门的雨棚下。小贺看到后排坐着两位男士、前排副驾驶座上坐着一位身材较高的外国女宾。小贺想通常后排座为上座，一般凡有身份的人都是在后排右座就座，前排副驾驶座通常是翻译或秘书的位置。于是，他以规范、标准的姿势一步上前，目视客人，礼貌亲切地问候，以优雅姿态和职业性动作，先为后排右座的客人打开车门，做好护顶。关好车门后，小贺迅速地走向前门，准备以同样的礼仪迎接那位女宾下车。整套动作麻利而规范、一气呵成。没想到那位女宾满脸不悦，使小贺茫然不知所措。

案例分析：优先为重要客人提供服务是饭店服务常规的程序，这位女宾为什么不悦？难道小贺做错了吗？

_____

_____

_____

_____

_____

三、实践训练

请试着了解5～8个国家的风俗习惯及历史、地理、经济等情况，并讲给同学听。

外国部分国家的主要禁忌

▷ **知识目标：** 掌握外国部分国家的主要禁忌

▷ **能力目标：** 能在涉外交往中不触犯他国禁忌

▷ **情感目标：** 尊重世界各国风俗礼仪，体现自身良好素质

▷ **学习重点：** 特别容易引起纠纷的他国主要禁忌

▶ **任务导入** ● ● ● ● ●

　　世界上有两百多个国家和地区，居住着两千多个民族，由于地域、文化背景的差异，各个国家和民族的风土人情、礼仪礼节也各不相同。随着我国对外活动的增加，我们需要了解世界各国、各民族的基本情况、风俗习惯、礼貌礼节和禁忌等，以便更好地与各国、各民族的人民交流。

▶ **任务实施** ● ● ● ● ● ●

任务拓展

　　1990年，美国俄亥俄州斯特朗维尔市的一个人开车闲逛，不慎轧死了一只鸭子，竟被当地法官以杀害动物罪判处入狱2个月，还罚款75美元。这个案例说明了在某些国家，尤其是在西方国家，动物受到了特别的保护。

一、美国人的禁忌

（1）忌讳"13"和"星期五"。

（2）忌讳别人询问他们年龄、所购物品的价钱。

（3）忌讳见面时说他们胖了，因为在美国有"瘦富""胖穷"之说。

（4）忌讳给妇女送香水、衣物、化妆品（可送头巾和手帕）。

（5）美国妇女固有化妆的习惯，不喜欢服务人员给他们香巾擦脸。

（6）老人上楼、爬山不要未经许可就去搀扶。

（7）忌讳同性一起跳舞，因有同性恋之嫌。

（8）忌讳送带有公司标志的礼物，因为有做广告之嫌。

（9）忌讳蝙蝠和用蝙蝠作为图案的商品、包装品，因为蝙蝠是凶兆。

二、英国人的禁忌

（1）对英国人避免使用"English"（英格兰人）这个称呼，而要用"British"（不列颠人）这个称呼。

（2）忌讳"13"和"星期五"。如果某日是13号，又是星期五，那么这一天一般不举行活动。甚至门牌号、楼层号、宴会桌号、车队的编号等都不用"13"这个数字。

（3）忌讳四人交叉握手，认为这样会招来不幸。

（4）忌讳别人询问他们的个人隐私。

（5）忌讳下班后在餐桌上谈工作。

（6）忌讳墨绿色、黑猫，尤其忌讳黑猫从他们面前穿过。

（7）不喜欢大象及其图案，认为大象代表笨拙。

（8）忌讳百合花，把百合花看作死亡的象征。

三、泰国人的禁忌

（1）最忌讳被人触摸头部。泰国人认为头是人类智慧所在，是宝贵的。小孩子是绝不可摸大人头的；若有人打了小孩子的头，他们认为小孩子一定会生病。

（2）忌讳睡觉时头朝西、脚朝东，忌讳用脚指东西，用脚踢门。

（3）忌讳盘腿或双脚叉开坐。长辈在场，坐地下时，要避免高于长辈的头。

（4）忌讳左手递东西，认为左手不洁。

（5）当着泰国人的面，最好不要踩门坎，他们认为门坎下住着神灵。

四、新加坡人的禁忌

（1）与新加坡人谈话，忌讳谈宗教与政治方面的问题。

（2）不能跟新加坡人讲"恭喜发财"之类的话，因为他们认为这些话有教唆别人发横财之嫌，会挑逗、煽动他人干于社会和他人有害的事。

（3）忌讳乌龟，认为它是不祥之物。

（4）忌讳左手递东西或食物。

（5）不喜欢"7"这个数字，认为它是消极的数字。

（6）大年初一必须把扫帚收起来，绝不允许扫地，认为这天扫地会把好运扫走。

五、俄罗斯人的禁忌

（1）忌讳"13"这个数字。

（2）忌讳黑猫、兔子，如黑猫或兔子从自己面前跑过，认为这是不祥之兆。

（3）忌讳打翻盐罐或将盐撒在地上，认为这是家庭不和的预兆。为了逢凶化吉，习惯将撒在地上的盐拾起来撒在自己身上。

六、法国人的禁忌

（1）忌讳"13"这个数字，认为"星期五"不吉利。

（2）忌讳别人打听他们的政治倾向、工资及个人私事。

（3）忌讳询问女子的年龄。

（4）忌讳称老年妇女为"老太太"，认为这是侮辱性语言。

（5）忌讳男士向女士赠香水，因为这有"图谋不轨"之嫌。

（6）忌讳黄色的花，认为黄色象征不忠诚。

（7）忌讳黑桃图案，认为这个图案不吉利。

（8）忌讳墨绿色，因为纳粹军服是墨绿色的。

（9）忌讳菊花、杜鹃花、纸花、桃花等，认为它们是不祥之物。

（10）忌讲蹩脚的法语，认为这是对他们国家的侮辱。

七、德国人的禁忌

（1）忌讳"13"和"星期五"。

（2）忌讳蔷薇和菊花，认为这些花是悼念死者用的。

（3）玫瑰花不能随意送人，因为这是专为情人准备的。

（4）忌食核桃。

（5）忌讳茶色、黑色、红色、深蓝色。

（6）忌讳在公共场合窃窃私语，不喜欢听恭维话。

八、意大利人的禁忌

（1）忌讳"13"和"星期五"。

（2）忌讳菊花，认为菊花是在葬礼上用的。

（3）忌以手帕送人，认为手帕是惜别时擦泪用的，会令人伤感。

（4）忌讳别人盯着他们看，认为这是对人的不尊重，还可能有不良企图。

（5）给意大利人倒酒时，切忌反手倒，这意味着"势不两立"。

九、印度人的禁忌

（1）印度人把牛当作神圣之物，故特别忌讳吃牛肉和用牛皮做的东西。

（2）蛇被看作神圣的生物，视杀蛇为触犯神灵的行为。

（3）忌讳用澡盆给孩子洗澡，认为盆中之水是"死水"，用澡盆给孩子洗澡是不人道的行为。

（4）忌讳用左手取物和递东西。

（5）忌讳众人在同一食盘中取食物。

（6）印度教上层人士食素戒荤，连用素食制成的仿生食品也忌食。

任务拓展

2007年，好莱坞明星李察基尔在印度出席一个公益活动时，在众目睽睽之下把印度女星谢蒂拥进怀里并亲吻她的面颊。经媒体传播后，在印度引起强烈反映，不少城市出现抗议活动，印度教徒纷纷走上街头抗议这种"邪恶猥亵"的行为，还焚烧李察基尔的画像，印度一名地方法院的法官接到控告后，认定李察基尔犯有猥亵罪，并下达了拘捕令。因为对印度女性只能用合十礼。

十、日本人的禁忌

（1）不喜欢紫色，忌讳绿色，认为绿色不祥。

（2）忌讳狐狸、獾及荷花。

（3）菊花和带有菊花图案的物品不能随意送人，因为这是皇家的标志。

（4）不喜欢偶数而对奇数颇有好感。

（5）忌讳数字"4"，因为日语中"4"的发音和"死"相似。所以不要把日本客人安排在4号楼层及第4号餐桌。

（5）忌讳数字"9"，因为日语中"9"的发音和"苦"近似。

（6）忌讳梳子，因为日语中"梳子"的发音近似"苦死"。

（7）忌讳遇到金色眼睛的猫，认为这是不祥之兆。

（8）饮食上忌讳八种用筷子的方法，即舔筷、迷筷、移筷、扭筷、插筷、掏筷、跨筷、剔筷。

（9）忌讳用同一双筷子给席上所有人夹取食物。

能力拓展

一、知识能力检测

（一）填空

（1）美国忌讳给妇女送（　　）、（　　）、（　　），但可送头巾和手帕。

（2）英国忌讳（　　），把它看作死亡的象征。

（3）泰国最忌讳被人（　　），他们认为（　　）是人类智慧所在，是宝贵的。

（二）思考

美国和英国分别有哪些主要禁忌的事项？

二、情景再现

在一次印度官方代表团前来我国某城市进行友好访问时，为了表示我方的诚意，有关方面做了积极准备，就连印度代表下榻的饭店里也专门换上了宽大、舒适的牛皮沙发。可是，在我方的外事官司员事先进行例行检查时，这些崭新的牛皮沙发却被责令立即撤换掉。

案例分析：为什么要撤换牛皮沙发？

_____

_____

_____

_____

三、实践训练

假定小王是导游，春节期间带大陆游客去新加坡、泰国旅游，在到达新加坡、泰国前，小王应该跟游客交待哪些注意事项？

FULU

附录

 附录 **1**　社会主义核心价值观

富强、民主、文明、和谐，
自由、平等、公正、法治，
爱国、敬业、诚信、友善。

 附录**2** 有趣的城市别称及标志

1. 新加坡——狮城　　　　　　　标志：鱼尾狮

2. 法国巴黎——花都　　　　　　标志：埃菲尔铁塔、凯旋门、卢浮宫等

3. 意大利威尼斯——水城　　　　标志：狮子

4. 英国伦敦——雾城　　　　　　标志：大本钟

5. 挪威奥斯陆——滑雪城　　　　标志：圣哈尔瓦大教堂

6. 日本札幌——冰雕城　　　　　标志：札幌电视塔

7. 瑞典斯德哥尔摩——禁酒城　　标志：斯德哥尔摩市政厅

8. 奥地利维也纳——音乐城　　　标志：维也纳国家歌剧院

9. 德国莱比锡——书城　　　　　标志：莱比锡大会战纪念碑

10. 芬兰赫尔辛基——浴城　　　　标志：赫尔辛基大教堂

11. 美国好莱坞——电影城　　　　标志：好莱坞星光大道

12. 日本筑波——科学城　　　　　标志：筑波会展中心

13. 英国牛津——大学城　　　　　标志：牛津大学图书馆

14. 美国底特律——汽车城　　　　标志：复兴中心

15. 巴西里约热内卢——噪音城　　标志：基督山

16. 德国慕尼黑——酒城　　　　　标志：圣母教堂

附录3 中国部分城市的市花

直辖市／特别行政区城市市花 北京市——月季、菊花 上海市——玉兰 天津市——月季 重庆市——山茶花 香港特别行政区——紫荆花 澳门特别行政区——荷花	山东省城市市花 济南市——荷花 青岛市——耐冬、月季 威海市——月季
黑龙江省城市市花 哈尔滨市——丁香 伊春市——兴安杜鹃花 佳木斯市——玫瑰	吉林省城市市花 长春市——君子兰 延吉市——杜鹃花
辽宁省城市市花 沈阳市——玫瑰 大连市——月季	山西省城市市花 太原市——菊花
河北省城市市花 石家庄市——月季 邯郸市——月季 保定市——兰花	河南省城市市花 郑州市——月季 开封市——菊花 洛阳市——牡丹
浙江省城市市花 杭州市——桂花 宁波市——山茶花 温州市——山茶花 绍兴市——兰花 金华市——山茶花	福建省城市市花 福州市——茉莉 厦门市——叶子花 三明市——杜鹃花 泉州市——刺桐花 漳州市——水仙

江西省城市市花 南昌市——金边瑞香 景德镇市——山茶花 景岗山市——杜鹃花	安徽省城市市花 合肥市——桂花、石榴花 淮阴市——月季 蚌埠市——月季
江苏省城市市花 南京市——梅花 徐州市——紫薇 淮阴市——月季 扬州市——琼花	四川省城市市花 成都市——木芙蓉 自贡市——紫薇 攀枝花市——木棉 泸州市——桂花
湖南省城市市花 长沙市——杜鹃花 株洲市——红花檵木 湘潭市——菊花	湖北省城市市花 武汉市——梅花 黄石市——石榴花 襄阳市——紫薇
西藏自治区城市市花 拉萨市——玫瑰	贵州省城市市花 贵阳市——兰花
陕西省城市市花 西安市——石榴花 咸阳市——紫薇、月季	青海省城市市花 西宁市——丁香 格尔木市——红柳
甘肃省城市市花 兰州市——玫瑰	宁夏回族自治区城市市花 银川市——玫瑰
新疆维吾尔自治区城市市花 乌鲁木齐市——玫瑰 奎屯市——玫瑰	云南省城市市花 昆明市——云南山茶花 东川市——白兰花 大理市——杜鹃花
广西壮族自治区城市市花 南宁市——朱槿花 桂林市——桂花	内蒙古自治区城市市花 呼和浩特市——丁香 包头市——小丽花

 附录4 **中外文明礼仪名言警句**

非礼勿视，非礼勿听，非礼勿言，非礼勿动。——孔子

博学于文，约之以礼。——孔子

礼者，人道之极也。——荀子

人无礼则不生，事无礼则不成，国家无礼则不宁。——荀子

礼以行义，义以生利，利以平民，政之大节也。——《左传》

人有礼则安，无礼则危。——《礼记》

凡人之所以贵于禽兽者，以有礼也。——《晏子春秋》

在宴席上最让人开胃的就是主人的礼节。——莎士比亚

世界上最廉价，而且能得到最大收益的一项物质，就是礼节。——拿破仑·希尔

礼仪是在他的一切别种美德之上加上一层藻饰，使它们对他具有效用，去为他获得一切和他接近的人的尊重与好感。——洛克

在人与人的交往中，礼仪越周到越保险。——托·卡莱尔

礼貌经常可以替代最高贵的感情。—— 梅里美

礼仪周全能息事宁人。——儒贝尔

彬彬有礼的风度，主要是自我克制的表现。——爱迪生

知识使人变得文雅，而交际使人变得完善。——乔·富勒

谦恭有礼，人人欢迎。——托马斯·福特

 附录**5** **交友习语**

贫贱之交：在贫困时结交的朋友。

杵臼之交：交友不分贵贱。

布衣之交：平民之间的交往、友谊。也指显贵与无官职的人交往。

平昔之交：往日结交的朋友。

竹马之交：幼年之友。

忘年之交：不计年长岁幼，以才能、德行为主的交往。

款　　交：至交，挚友。

君子之交：贤者之间的交情，平淡如水，不尚虚华。

车笠之交：不因贵贱的变化而改变深厚友情的朋友。

忘形之交：彼此以心相许，不拘形迹的朋友。

肺腑之交：无话不谈，推心置腹的朋友。

金兰之交：友情契合，如兄弟般的朋友。

石　　交：友谊坚固的朋友。

金石之交：如同金石般坚不可摧的交谊。

刎颈之交：即使掉脑袋也不会变心的朋友。

再世之交：与父子两代都结交为朋友。

莫逆之交：非常要好，彼此情投意合的朋友。

附录6　重要节日表

节日名	时间
元旦	1 月 1 日
情人节	2 月 14 日
国际妇女节	3 月 8 日
国际劳动节	5 月 1 日
中国青年节	5 月 4 日
国际护士节	5 月 12 日
国际母亲节	5 月的第二个星期日
国际父亲节	6 月的第三个星期日
国际儿童节	6 月 1 日
建党节	7 月 1 日
建军节	8 月 1 日
教师节	9 月 10 日
国庆节	10 月 1 日
圣诞节	12 月 25 日
春节	农历正月初一
元宵节	农历正月十五
端午节	农历五月初五
中秋节	农历八月十五
重阳节	农历九月初九

附录7 结婚年数美称表

年数	称谓	年数	称谓
1	纸婚	14	象牙婚
2	棉婚	15	水晶婚
3	皮婚	20	磁婚
4	花果婚	25	银婚
5	木婚	30	珍珠婚
6	糖婚	35	珊瑚婚
7	毛婚	40	红宝石婚
8	铜婚	45	青玉婚
9	陶婚	50	金婚
10	锡婚	55	绿宝石婚
11	钢婚	60	金刚石婚
12	丝婚	70	白金婚
13	花边婚	75	白石婚

附录8　一年四季适用的茶类

季节	适用茶类	制作和种类	特征和功能
春季	花茶	花茶又称熏花茶，是用茶叶和香花进行窨制，使茶叶吸收花香而制成的香茶。茶叶多为绿茶，花多为茉莉花、白兰花、珠兰花、桂花等	幽雅芬芳的香气、醇厚鲜爽的滋味，可驱残存之寒气，促阳气的生发
夏季	绿茶	绿茶属不发酵茶，经杀青、揉捻、干燥三个典型工艺过程制成茶叶。其茶色泽和冲泡后的茶汤、叶底以绿色为主调，故得名。绿茶中的十大名茶为：西湖龙井、碧螺春、屯绿、黄山毛峰、太平猴魁、六安瓜片、庐山云雾、君山银针、顾诸紫笋和四川蒙顶	绿茶中含有的茶氨酸、儿茶素，可改善血液流动作用，有助于收汗、降温。在防止肥胖、脑中风和心脏病中有一定效用
秋季	乌龙茶、花茶	乌龙茶，有茶中"明珠"之称，属半发酵茶。乌龙茶按发酵程度的深浅，可以划分为下列三类：①包种茶。茶多酚轻微氧化，做青发酵程度较轻，稍带青绿。②传统乌龙茶。武夷岩茶（包括闽北水仙，广东凤凰水仙、凤凰单丛和岭头单丛）、安溪铁观音（包括福建、广东的几种乌龙）发酵程度比台湾乌龙轻，比包种茶重。③台湾乌龙。发酵程度较重，茶汤汤色偏红或呈橙红色	茶汤如金，味醇浓郁。具有提神益思、消除疲劳、生津利尿、解热防暑、杀菌消炎、解毒防病、消食去腻、减肥健美等保健功能，还具有防癌症、降血脂、抗衰老等特殊功效
冬季	红茶	红茶属发酵茶，因呈红色而得名。如安徽祁门的祁红、云南凤庆的滇红、福建福安的闽红、湖北宜昌的宜红、江西修水的宁红、湖南安化的湖红、浙江绍兴的越红等，都是名茶，尤以祁红、滇红、宜红质量最佳，驰名中外	色泽乌润，条索紧结，茶汤呈深橙或金黄色。能强胃、利尿、抗衰老，还有暖腹生热的作用

附录9 赠花用常见花材及包装

● 韩式包装小花束

● 韩式包装小花束

● 花盒

● 怀旧系包装花束

● 会议台花

● 会场花品装饰

● 会议台花

● 花盒

● 冷餐会台花　　　　● 玫瑰蓝色妖姬　　　　● 婚车花饰

● 香槟玫瑰　　　　● 圣诞礼物　　　　● 香槟玛丽亚

● 艺术小花饰　　　　● 艺术小花饰　　　　● 艺术小花饰

● 艺术小花饰　　　　● 艺术小花饰

附录10 盘点世界上最"古怪"的节日

1. 保宁美容泥浆节

地点：韩国的保宁。

节日上使用的泥浆富含矿物质，这些泥浆会被运到大川海水浴场供游客和当地人享受。

2. 滚奶酪节

地点：英格兰格洛斯特郡的库伯山。

许多参赛者在陡峭泥泞的库伯山追逐从山上滚下的奶酪。

3. 日本裸体节

裸体节又叫"会阳节"，参加者都是男性，他们只系日本传统的兜裆布，几近全裸。

4. 骆驼摔跤锦标赛

地点：土耳其的塞尔楚克。

现在这个比赛只限于土耳其的爱琴海地区。比赛方式是让两头骆驼相撞，直到一方认输。输的骆驼总是会冲入看台引起观众的恐慌。

5. 背妻大赛

地点：芬兰。

17世纪发起的背妻大赛目的是背着妻子赢得接力赛，获得和妻子体重相等的啤酒。现在世界上其他地区也有相似的活动。

6. 猴子大餐节

地点：泰国的华富里。

大约有600只猴子被邀请来参加这个活动，它们尽情地享受共两吨的烤香肠、新鲜水果、冰激凌和其他食物。这是当地人为了感谢猴子给当地的旅游业做出的突出贡献而设计的活动。

7. 番茄大战

地点：西班牙的巴伦西亚。

节日当天超过两万名游客涌入街头，互相扔番茄。在一个小时的期限内，平均每个人投掷的番茄约达到250磅。

8. 跨婴儿节

地点：西班牙的穆尔西亚。

这个节日于1620年首先发起。节日当天，穿着传统服装的成年男子，经过婴儿家长同意后，跃过躺在床垫上的婴儿。

9. 萝卜节

地点：墨西哥的瓦哈卡。

在节日前三天，雕刻者们挑选出一个萝卜，独自构思，精心雕刻成动物、舞蹈家、征服者等形象，比赛当天再将自己的得意之作展现给观众，获胜者可以获得丰富的奖金。

10. 桔子大战

地点：意大利的伊夫雷亚。

人们用桔子互相投掷，以模仿中世纪意大利仇家之间的角斗。参加者9人一组，与另一组进行对抗，活动中可享受免费的豆类食物以保持体力。

11. 猪之节

地点：法国小镇。

在法国某偏远小镇举行的这个节日上，参赛者可以尽情享受香肠，还有猪崽比赛和模仿猪的竞赛。

12. 烧人节

地点：美国的内华达州。

每年夏天将近五万名享乐主义者会聚集到美国内华达州的一处沙漠参加历时八天的肆意破坏，节日的高潮为燃烧一具巨大的木人雕像。

参考文献

秦启文，1994. 现代公关礼仪 [M]. 重庆：西南师范大学出版社 .

孙正红，2000. 社交礼仪艺术 [M]. 北京：中国书籍出版社 .

曹文彬，2001. 现代礼仪 [M]. 北京：中国商业出版社 .

赵关印，2002. 中华现代礼仪 [M]. 北京：气象出版社 .

黄庆杰，吴琼，2002. 成功者礼仪全书 [M]. 北京：中国华侨出版社 .

李莉，2002. 实用礼仪教程 [M]. 北京：北京人民大学出版社 .

左慧，2002. 新编现代礼仪现用现查 [M]. 呼和浩特：内蒙古人民出版社 .

何浩然，2002. 中外礼仪 [M]. 大连：东北财经大学出版 .

任之，2003. 教你学礼仪 [M]. 北京：当代世界出版社 .

赵强，2003. 民俗礼仪大全 [M]. 南宁：广西民族出版社 .

张桂蓉，2004. 现代礼仪 [M]. 长沙：中南大学出版社 .

金正昆，2004. 社交礼仪 [M]. 北京：北京大学音像出版社 .

李存修，等，2005. 西欧之旅 [M]. 广州：广东旅游出版社 .

金正昆，2005. 商务礼仪教程 [M]. 北京：北京人民大学出版社 .

黄保军，2005. 中外礼仪大全 [M]. 北京：民族出版社 .

韦克俭，2005. 现代礼仪教程 [M]. 北京：清华大学出版社 .

王欢，2006. 礼仪规范教程 [M]. 北京：知识出版社 .

钱瑞娟，2006. 国外的饮食文化 [M]. 北京：中国社会出版社 .

郝相钦，2006. 走遍亚洲 [M]. 北京：中国社会出版社 .

李敏等，2006. 国外礼仪与禁忌 [M]. 北京：中国社会出版社 .

金正昆，2006. 金正昆教你说礼仪之礼仪金说 [M]. 西安：陕西师范大学出版 .

雷霆，2006. 现代公关礼仪 [M]. 成都：电子科技大学出版社 .

胡宁，刘湘文，刘安拉，2007. 中职生礼仪规范教程 [M]. 北京：科学出版社 .

李筱琳，2008. 现代礼仪规范教程 [M]. 北京：中国广播电视出版社 .

贾云，2010. 现代公关礼仪 [M]. 成都：电子科技大学出版社 .

李道魁，2012. 现代礼仪教程 [M]. 成都：西南财经大学出版社 .

张雪楠，2012. 家庭茶艺 [M]. 北京：中国纺织出版社 .

吴宝华，张杨莉，2013. 礼貌礼节 [M]. 北京 : 高等教育出版社 .

魏丽平，邓利，2013. 学生文明礼仪常识 [M]. 成都：西南财经大学出版社 .

图书在版编目(CIP)数据

学生现代文明礼仪实用教程/魏丽平主编.—2 版.—成都:西南财经大学
出版社,2022.12
ISBN 978-7-5504-3357-1

Ⅰ.①学…　Ⅱ.①魏…　Ⅲ.①礼仪—中等专业学校—教材
Ⅳ.①K891.26

中国版本图书馆 CIP 数据核字(2018)第 004008 号

学生现代文明礼仪实用教程(第二版)
魏丽平　主编

责任编辑:林　伶
责任校对:李　琼
封面设计:墨创文化
责任印制:朱曼丽

出版发行	西南财经大学出版社(四川省成都市光华村街 55 号)
网　　址	http://cbs.swufe.edu.cn
电子邮件	bookcj@ swufe.edu.cn
邮政编码	610074
电　　话	028-87353785
照　　排	成都墨之创文化传播有限公司
印　　刷	四川五洲彩印有限责任公司
成品尺寸	185mm×260mm
印　　张	16.5
字　　数	283 千字
版　　次	2022 年 12 月第 2 版
印　　次	2022 年 12 月第 1 次印刷
印　　数	1—4000 册
书　　号	ISBN 978-7-5504-3357-1
定　　价	49.80 元